云南大学百年华诞纪念

本图书由云南大学资助出版

民盟先贤与云南大学

肖　宪　刘兴育 编著

云南大学出版社
YUNNAN UNIVERSITY PRESS

图书在版编目（CIP）数据

民盟先贤与云南大学 / 肖宪，刘兴育编著. -- 昆明：
云南大学出版社，2023
　　ISBN 978-7-5482-4964-1

Ⅰ. ①民… Ⅱ. ①肖… ②刘… Ⅲ. ①中国民主同盟
－史料－云南②云南大学－校史 Ⅳ. ①D665.2
②G649.287.41

中国国家版本馆CIP数据核字(2023)第102939号

策划编辑：张丽华
责任编辑：张丽华
封面设计：刘　雨

民盟先贤与云南大学
MINMENG XIANXIAN YU YUNNAN DAXUE

肖宪　　刘兴育 / 编著

出版发行：云南大学出版社
印　　装：昆明理煜印务有限公司
开　　本：787mm×1092mm　1/16
印　　张：14.5
字　　数：230千
版　　次：2023年6月第1版
印　　次：2023年6月第1次印刷
书　　号：ISBN 978-7-5482-4964-1
定　　价：88.00元

社　　址：云南省昆明市一二一大街182号（云南大学东陆校区英华园内）
邮　　编：650091
电　　话：（0871）65033244　65031071
网　　址：http://www.ynup.com
E-mail：market@ynup.com

若发现本书有印装质量问题，请与印厂联系调换，联系电话：0871-64167045。

序　言

中国民主同盟云南省委员会

2023 年是云南民盟成立 80 周年。1941 年 3 月，中国民主政团同盟在重庆成立。1943 年 5 月中国民主政团同盟昆明支部成立，1944 年 10 月改为中国民主同盟云南省支部，1956 年 4 月成为中国民主同盟云南省委员会。云南民盟是中国民主同盟的第一个地方组织，也是最早在云南建立和开展活动的民主党派地方组织，有着长期与中国共产党风雨同舟、亲密合作的光荣传统。

2023 年是云南大学建校 100 周年。1922 年，时任云南省都督的唐继尧出资创办云南大学的前身私立东陆大学，1923 年 4 月 20 日学校正式举行开学典礼。从东陆到云大，从私立到公立，从省立到国立，云南大学虽几经改组变迁，仍逐步蓬勃发展，日臻完善，成为我国西部边疆最早建立的综合性大学之一。目前，云南大学已成为国家首批 42 所"一流大学"建设高校之一，2022 年继续入选第二轮国家"双一流"建设高校，是云南高等教育的一面旗帜。

从 20 世纪 40 年代起，由于特殊的历史关系，云南民盟与云南大学就结下了不解之缘。彼时，随着全面抗日战争爆发，为了保存中华民族的文化命脉，清华大学、北京大学、南开大学 3 校迁到昆明成立国立西南联合大学，先后迁入云南的内地院校还有国立同济大学、国立中山大学等 10 余所，另外还有一些研究机构也陆续迁入云南。1937 年，著名数学家、教育家熊庆来出任云南大学校长，一大批著名学者受聘任教，奠定了学校较高的发展基础和深厚的学术底蕴，开创了云南大学办学历史上的第一个辉煌时期。由于这些大学和科研机构的存在，昆明也成为抗战时期全国文化、教育中心之一，更使得当时一大批我国顶级的教育家、科学家、学者和青年才俊聚集在昆明。

昆明作为抗战大后方，汇集的大批爱国自由知识分子与进步学者，成为发展民盟成员、扩大民盟组织的社会基础。1942 年秋冬之交，中国民主政团同盟中央执委兼宣传部长罗隆基来到昆明开展政团同盟的发展工作。在罗隆基之前到达昆明的云南大学教授潘大逵已在昆明与一些进步教授多有交往，联络民主进步力量。罗隆基到达昆明后不久，拥有民盟盟员身份的中共党员周新民根据中共组织的安排，也到达昆明并在云南大学任教。此后，当时在云南大学任教的楚图南、吴晗、费孝通、杨怡士等人参与了民盟云南省支部的领导工作。在那风云变幻、波澜壮阔的动荡岁月里，这些民盟先贤不畏艰险、赴汤蹈火，秉持深厚的家国情怀，本着知识分子的人文良知和社会责任，从书斋走向战场，从学者教授变身社会活动家，同中国共产党精诚合作，推动昆明爱国民主运动一浪高过一浪，为云南民盟留下了宝贵的精神财富。80 年来，在中国共产党的坚强领导下，云南民盟与云南大学在不断前进发展的滚滚时代洪流中相互交织、相互融合、相互影响，推进了云南的进步与发展，也在云南大学的发展史上深深镌刻了云南民盟的烙印。民盟盟员为云南大学的发展做出了积极贡献，而云南大学也成为云南民盟及盟员发挥特色优势，履职尽责的重要舞台，彼此相互促进，相得益彰，相互成就，共同创造了历史华章。民盟组织与云南大学之间的这种密切关系，无论在中国民主同盟的发展史上，还是在中国高等教育的发展史上，都是独一无二的。

"一切向前走，都不能忘记走过的路；走得再远，走到再光辉的未来，也不能忘记走过的过去，不能忘记为什么出发。"在 2023 年这个云南民盟成立 80 周年暨云南大学建校 100 周年的重要年份即将到来之际，为了保存民盟先贤留给云南民盟的珍贵精神财富，为了让广大盟员铭记民盟先贤为国为民、励精图治的奋斗精神，民盟云南省委会特邀民盟云南省委会原副主委、云南大学原副校长肖宪担任课题组组长，与有关专家学者一起组成课题组，深入研究并编写了这本《民盟先贤与云南大学》文集。

回顾历史，不仅仅是追忆往昔，缅怀先辈，更重要的是，通过回望民盟先贤走过的路，重温民盟与中国共产党风雨同舟、亲密合作的光辉历史，把与党同心、爱国为民、精诚合作、敬业奉献的优良传统赓续下来，把民盟知识分子修身齐家的家国情怀和言传身教的崇高风范以及对中国共产党的深厚情感传承下去，坚定理想信念；把坚持共产党领导，共同致力于国家富强、民族复兴、人民幸福的合作初心铭记于心，外化于行，汇聚起为建设社会主义现代化国家和中华民族伟大复兴不懈奋斗的磅礴力量。

2022 年 9 月

目　录

民盟与云南大学

云南大学会泽院

　　2023 年对于云南大学和云南民盟来说，都是一个具有特殊意义的重要年份。这一年是云南大学建校 100 周年，也是云南民盟成立 80 周年。80 年来，云南民盟与云南大学之间有着千丝万缕的联系，双方相互支持、紧密合作、携手前行、共同发展，结下了深厚的友谊。

　　虽然云南民盟从建立之日起就在云南大学开展活动，但由于当时的情况复杂，直到 1947 年 6 月才秘密地在云南大学建立了组织。新中国成立后，民盟云大基层组织于 1952 年 2 月公开活动，最早称为民盟云大小组、民盟云大区分部；后来成为民盟云大支部，1987 年 6 月发展为民盟云大总支，2004 年 3 月建立了民盟云大基层委员会。70 多年来，民盟云大基层组织始终真诚地接受中共云大党组织的领导，与学校党组织亲密合作、并肩战斗、风雨同舟、肝胆相照。云大的民盟成员也积极投身学校的教学、科研、管理和社会服务等各方面的工作，为学校的建设和发展做出了应有的贡献。本文以回顾民盟与云南大学早期的历史为主，也简要介绍当前云大民盟的情况。

云南大学至公堂

一、云南大学与云南民盟的成立

云南虽然地处边陲，在近代高等教育的发展方面却不输内地。1922 年12 月，时任云南省都督的唐继尧出资创办的私立东陆大学宣布成立，校址位于已有 400 多年历史的云南贡院；1923 年 4 月 20 日学校正式举行开学典礼。1930 年学校由私立东陆大学改组为省立东陆大学，1934 年又改名为省立云南大学。1938 年，学校由省立云南大学转为国立云南大学。在 16 年里，从东陆到云大，从私立到公立，从省立到国立，学校几经改组变迁，先后经历了董泽、华秀升、何瑶、熊庆来 4 任校长，逐步发展，日臻成熟。

在云南大学的发展史上，很值得一书的是 1937—1949 年著名数学家和教育家熊庆来担任校长的 12 年。正是在此期间，云南大学进入了自己历史上辉煌的一段时期。

1937 年 7 月，全面抗战爆发，熊庆来教授接受云南省主席龙云的聘请，从清华大学回到家乡云南，出任云南大学校长。当时的云大，只有 2 个学院 6 个系，30 多名教授、副教授，8 名讲师，302 个学生，教学设备简陋，教学质量也不高。① 熊庆来以清华为蓝本，从云南实际出发，利用抗战初期各方人士南下昆明的机会，广揽人才，延聘了一大批著名学者来校执教。在熊校长的努力下，到 1946 年，云大已发展成为文、法、理、工、农、医等学科门类较为齐全，有 5 个学院 18 个系、3 个专修科、1 个先修班、3 个研究室，在校学生达 1100 多人，图书馆藏书 10 余万册，理科各系有实验室或标本室，并有附属医院、附属中学、天文台、实习农场、实习工厂等设施较完备的综合性大学。当时云大师资阵容之强、水平之高，在全国大学中是少有的。正因为如此，云南大学当时被美国国务院指定为中美交流学生的 5 所大学之一。1946 年，英国《简明不列颠百科全书》把云南大学列为中国 15 所世界著名大学之一。熊庆来主校的这 12 年，云南大学蒸蒸日上、日新月异，被称为学校历史上的"黄金时代"。

中国民主同盟也正是在这一时期成立，并发展成为影响中国现代历史发展的一支重要政治力量。在抗日战争最艰苦的阶段，国民党顽固派发动了"皖南事变"，国共抗日统一战线面临解体的危险。1941 年 3 月 19 日，主张"坚持团结抗战，实行宪政民主"的中国民主政团同盟（1944 年 9 月改名为中国民主同盟）在重庆正式成立，走上了现代中国的政治舞台。

1942 年冬，民盟中央执委兼宣传部长罗隆基受命前来昆明，着手在抗战大后方昆明建立民盟的第一个地方组织，他的公开身份是西南联大的政

---

① 孔庆福：《熊庆来先生事略》，载政协昆明市委员会编《昆明文史资料集萃》（第 1 卷），2009。

治学教授。不久后，具有民盟盟员身份的中共党员周新民也来到昆明，协助发展民盟组织，并同时开展抗日统一战线工作。经云南大学政治系教授潘大逵介绍，周新民被云南大学聘为法律系教授。周新民、潘大逵和当时在西南联大任教的罗隆基、潘光旦成为在昆明筹建民盟组织的核心人物。1943 年春，中共党员华岗也来到昆明，经楚图南、费孝通介绍，以林少侯的化名被聘为云南大学社会学系教授，进一步推动了昆明民盟组织的建立。①

经过一段时间的酝酿和准备，1943 年 5 月 5 日，民盟的第一个地方组织——中国民主政团同盟昆明支部成立了。民盟昆明支部最初只有 7 名成员：罗隆基、潘光旦、周新民、潘大逵、唐筱蓂（原云南省省长、云南大学创办者唐继尧之子）、李公朴（社会教育家、北门书屋创办者）、杨怡士（云南大学教授、青年党成员）。罗隆基为主委兼宣传委员，周新民任组织委员，潘大逵任青年委员，潘光旦任财务委员，杨怡士任支部秘书。②

由于抗战爆发后大批知识分子聚集在昆明，再加上此前已存在着"北门书屋""九老会""西南文化研究会"等各种形式的进步组织，民盟昆明支部成立后，组织发展较快，成员不断增加。到 1944 年 10 月中国民主政团同盟昆明支部改名为中国民主同盟云南省支部时，成员已发展到大约 50人；这些成员主要是来自西南联大、云南大学、中法大学等学校的进步教授以及部分社会知名人士。③ 西南联大、中法大学都是因抗战而暂时迁到昆明办学的，1945 年之后便陆续离开了昆明，所以无论参与活动的人数，还是发挥的作用和影响，云南大学教师都是民盟云南省支部的核心力量。1944 年 10 月 1 日，民盟云南省支部选举罗隆基、潘光旦、周新民、潘大逵、李公朴、闻一多、楚图南、吴晗、费孝通等 9 人为支部委员，罗隆基

---

① 民盟云南省委编：《云南民盟史》，群言出版社，2020，第 37、48 页等处。
② 民盟云南省委编：《云南民盟史》，群言出版社，2020，第 43 页。
③ 云南省政协文史委员会、中共云南省委统战部编：《云南文史资料选辑（第 56 辑）·风雨同舟五十年》，2000。

仍然担任主委，而支委中的周、潘、楚、吴、费5人都是云南大学教授，支部秘书杨怡士也是云大社会学系教授。除以上几人外，这一时期加入民盟并积极活动的云南大学（包括云大附中）教师还有尚钺、冯素陶、姜震中、朱驭欧、吴富恒、陆钦墀、赵沨、光未然（张光年）、王赣愚、吴征镒、李德家、范启新等多人。

值得一提的是，云南大学重要的组成部分——云大附中也曾是民盟的一个重要基地。1937年熊庆来出任云大校长后，决心办好附属中学，很快便聘请了从上海回来的云南石屏人、教育家杨春洲来担任云大附中校长。为了办好云大附中，杨春洲立即打电话给当时仍在上海教书的杨一波（云南石林人）、楚图南（云南文山人）、冯素陶（云南禄丰人）等人，诚邀他们前来云大附中任教。3人出于报效乡梓的感情以及与杨春洲的友情，很快便回到昆明，成为云大附中的骨干教师，后来3人都在昆明加入了民盟，并成为民盟的重要成员。此外，中共党员、文学家光未然（张光年）和中共党员、音乐家赵沨也在20世纪40年代初受聘在云大附中任教，2人也在此期间加入了民盟。后来在云大附中任教的民盟盟员还有张振明、杨昭、徐守廉等人。[①]

二、云南民盟早期重要的活动基地

云南大学当年既是民盟成员集中的地方，也是民盟早期在昆明主要的活动基地，当时民盟云南支部发起和组织的许多重要活动都在云大举行，因而云大也被称为"民主堡垒"。

由于民盟成员多为有思想、有学问的大学教授和知名学者，在社会各界尤其是在青年学生中很有影响，因此云南大学校方和学生社团经常组织

---

① 编审委员会编：《云南大学志（第八卷）·附属中学志》，云南大学出版社，1999，第3、8、12页等处。

一些学术演讲会、时事报告会，邀请这些教授和学者来校演讲，在云大任教的楚图南、朱驭欧、费孝通、王赣愚，以及西南联大的罗隆基、潘光旦、闻一多、曾昭抡等盟员教授都曾受邀为云大师生作过演讲。演讲的地点多数在云大会泽院的大教室，人多时也会安排在至公堂。除云大的师生外，西南联大、中法大学、英专等外校师生，甚至昆明城里的公职人员、市民也都会踊跃前来听讲，会场往往座无虚席。例如，1944 年 7 月 7 日云大、联大的学生社团组织的纪念"七七事变"7 周年时事报告会，10 月 19 日组织的鲁迅先生逝世 8 周年纪念报告会，都在云大至公堂举行。这些活动在提高人们的民主和科学意识、传播进步思想方面发挥了积极作用。

云南大学东陆校区现在的钟楼、花园和喷水池一带，原为一块空旷的大草坪，被称为"云大广场"，当年许多民盟组织或者参加的大规模爱国民主活动都是在这里举行的。例如，1944 年 12 月 25 日，云南民盟支部联合各大学学生自治会和其他社会团体在云大广场举行"云南护国起义纪念大会"，约有 2000 人前来参加活动。闻一多、潘光旦、吴晗、罗隆基等都先后在大会上发言，并且还通过了由吴晗起草的大会宣言。1945 年 5 月 4 日，由中共地下组织领导、民盟出面组织的"五四纪念大会"也是在云大广场举行的，据估计有六七千名大中学生参加了大会，闻一多、罗隆基、吴晗、潘大逵等盟员相继发表演说。会后，又举行了声势浩大的示威游行，云南民盟支部的领导人手挽手走在游行队伍的最前列。1945 年 11 月 25 日晚的"反内战时事报告会"原定也在云大举行，但因遭到新上任的云南省政府主席李宗黄禁止，才临时改在西南联大的大草坪举行。

"一二·一"惨案发生后，在云大任教的民盟成员楚图南、周新民、费孝通、潘大逵、陆钦墀等人联合 71 名教职工最先发出了《云南大学教职员为昆明市学生罢课遭伤亡事敬告各界书》，对爱国学生的行动予以声援和支持。随后民盟支部又参与组织了昆明 30 所大中学校 298 名教师签名发表的《罢教宣言》。在持续了近 4 个月的"一二·一"爱国民主运动中，云南大学一直是一个活动中心，云大民盟成员在组织游行、集会、罢课、公祭活动等方面都发挥了核心作用。①

1945年12月23日，民盟云南省支部召开盟员大会，贯彻民盟第一次全国代表大会精神，并改选成立了新的执委会；改选成立新执委会的原因之一是原执委会中的罗隆基、周新民等人此时已离开昆明到重庆民盟总部工作。另外，随着抗战胜利，西南联大等外来高校开始复员北上，也需要进行人员的调整。新的执委会由楚图南、冯素陶、闻一多、费孝通、潘光旦、赵沨、王振华、杜迈之、杨一波、刘宝煊、杨维骏等11人组成，楚图南任主任委员。可以看出，此时云南民盟的领导层，除了闻一多和潘光旦以外，基本上都已经是云南大学的盟员或者云南籍人士了。

云南民盟支部中的潘大逵、吴晗2人分管青年工作，与云大、联大2校的青年学生联系密切，吴晗提议成立"民主青年同盟"，得到了民盟和中共地下党的支持。在吴晗和闻一多的帮助和指导下，1945年1月，"中国民主青年同盟"（简称"民青"）正式在昆明成立，分别在联大、云大、中法大学建立了组织，发展了一批成员，包括联大的陈定侯、洪季凯、严振、肖松等，云大的蒋阜南、莫翰文、丁维铎、杨维骏等，中法大学的王光间、杨明、朱润典等。民青与民盟和中共的关系都非常密切，后来又进一步发展为中共地下党的外围组织。民青的许多成员后来都加入了民盟和中共，为西南地区的解放和新中国的成立做出了重要贡献。

1946年震惊中外的李闻惨案，也发生在云南大学周边。

1946年7月11日晚，民盟中央执委李公朴先生在离云南大学大门只有数百米的地方（青云街学院坡）被国民党特务用无声手枪打成重伤，当时几个云大同学正好从那里经过，连忙把躺在地上的李公朴送到附近的云大附属医院抢救。但因伤势严重，流血过多，经抢救无效，李公朴于凌晨5时许辞世，留下的最后一句话是："我已经准备好了……为民主而死……"

7月15日，云南民盟支部在云南大学至公堂举行"李公朴遇难经过"

---

① 民盟云南省委编：《云南民盟史》，群言出版社，2020，第43页。

报告会和追悼会，民盟中央执委闻一多在会上作了著名的"最后一次讲演"："我们随时像李先生一样，前脚跨出大门，后脚就不准备再跨进大门！"当天下午，闻一多和儿子闻立鹤便在云南大学大门外右侧数百米的西仓坡家门口遇刺，闻太太听见枪声后从家中跑出来，见父子两人已倒卧在血泊中，立刻雇黄包车，将两人送往云大附属医院。但闻一多已当场遇难，闻立鹤身受重伤，经抢救脱险。

7月16日上午，李公朴的遗体在云大操场（体育场）火化，数百人前往悼念。7月18日，闻一多的遗体也在云大操场火化，云大、联大师生近千人参加了火葬殡仪。云大以及联大留昆师生还组成了李、闻丧葬抚恤委员会。①

正是因为云南大学是民盟早期最重要的活动基地之一，当时在云大加入民盟的一些人后来都成为中国民主同盟重要的领导人。早期的云大民盟成员中出过2位民盟中央主席：楚图南（1986年1月—1987年11月）和费孝通（1987年11月—1996年11月），1位民盟中央副主席：吴晗（1958年11月—1969年10月）。有6人成为了民盟省级主委：民盟北京市委主委吴晗、民盟四川省委主委潘大逵、民盟山西省委主委冯素陶、民盟浙江省委主委姜震中、民盟山东省委主委吴富恒、民盟云南省委主委寸树声；另外还有一些盟员后来都是重要的社会活动家和著名学者，如周新民、王赣愚、尚钺、朱驭欧、赵沨、光未然、方仲伯、吴持恭、吴征镒等。当时的云大学生自治会负责人杨维骏后来也担任了民盟云南省副主委、省政协副主席。

也正是因为民盟历史上这么多的重要事件都发生在云南大学，费孝通先生在50多年后才会深情地说："我想起'一二·一'运动，云大有不少革命的、值得纪念的地点，如至公堂、会泽院。50年过得很快，年轻的也

---

① 见民盟云南省委编《云南民盟史》，群言出版社，2020，第137、144页。以及民盟云南省委编《云南民盟大事记（1941—1990）》，2014。

老了。但这是人生值得纪念的一段，想起来，是值得纪念！"①

三、云大民盟组织的建立

李闻惨案发生后，昆明处于一片白色恐怖之中，在国民党特务黑名单上的云大教师、民盟成员楚图南、费孝通、潘大逵、冯素陶、赵沨、尚钺、金若年以及西南联大的潘光旦、张奚若等 10 人进入美国驻昆明领事馆避难多日。后来云南省主席卢汉作出了保证避难人员安全的承诺，但要求他们尽快离开昆明，以上人员只得陆续离开昆明。由于大部分支部领导人和骨干成员都被迫离开了昆明，云南民盟的力量大为削弱。

1947 年 2 月，白色恐怖加剧，云南民盟的一些成员遭到逮捕。为此，民盟云南省支部成立了临时工作委员会（简称"临工会"），并分别在盟员较多的地方和单位建立了 20 多个小组，其中包括云南大学、云大附中、求实中学、昆明商业银行等，分散进行活动。同时民盟临工会还将一些盟员（如方仲伯、刘宝煊、杨白仑、高国泰等）疏散到泸西、蒙自、建水、大理、保山等地，在当地开展活动，后来还有一些盟员参加了共产党领导的中国人民解放军滇桂黔边纵队，开展武装斗争，迎接全国解放。所以尽管民盟早期在云南大学开展了大量活动，云大教师中也有过多名民盟的重要成员，但民盟真正在云南大学正式建立组织的时间却是 1947 年 6 月；这一时期，民盟云南大学小组的组长是文史系的教师范启新，组织委员和宣传委员分别是法律系教授李德家和土木系教授吴持恭。②

由于中国民主同盟与中国共产党的立场越来越接近，关系越来越密切，1947 年 10 月，国民党政府宣布，民盟"勾结共匪，参加叛乱"，为"非法团体"。在国民党当局的高压下，民盟主席张澜被迫宣布"解散民盟总部，

---

① 民盟云南省委编：《费孝通与云南》，群言出版社，2013，第 35 页。
② 见民盟云南省委编《云南民盟（1942—2013）组织结构历史沿革》，2013，第 49 页。

停止政治活动"。各地的民盟组织和盟员都转入地下，继续坚持斗争。1948年1月，民盟三中全会在香港举行，正式宣布与中国共产党携手合作，为彻底摧毁国民党的反动统治，为新中国成立而斗争。此后，云南民盟的活动也进入了一个新的阶段，为推翻国民党政府，迎接云南解放而斗争。

在1937年到1947年的10年间，民盟之所以能在云南大学有如此迅速的发展，产生如此重要而深远的影响，主要有以下3个方面的原因：

（一）昆明是抗战大后方，当时全国的知识分子都集中到了这里，尤其是清华、北大、南开3校来昆明组成西南联大，既给云大带来了许多优秀的人才，也给云大带来了活跃的思想。当然，大量外来人员的涌入，也曾给昆明带来一些新的问题和矛盾，但经过几年的磨合，逐渐消除了本省人和外省人、云大人和联大人之间的隔阂，也消除了高级知识分子之间诸如留美派和留欧派、洋教授和土教授等门户之见。大家都在抗日救亡、争取民主和进步的旗帜下团结了起来，统一了起来（楚图南语）。尤其是西南联大和云南大学之间密切的合作交流关系，既提高了双方彼此的学术水平，也为共同开展爱国民主运动创造了条件。①

云大与联大之间既有人员的相互流动，但更多的是教师互相兼课。据不完全统计，先后受聘到云大兼课的联大教师至少有50人，云大也有一些教师受聘在联大兼课。仅就民盟成员来说，云大和联大之间就有难分彼此的关系。例如，吴晗于1937年9月应聘从北平前来云大担任教授，1940年初又转聘到西南联大；费孝通1938年从英国回国后即在云大任教，1944年起又兼任联大教授；王赣愚1937年随清华来到昆明，随即被聘为云大政治系教授，1941年又返回联大任教。而联大的潘光旦、闻家驷、闻一多、曾昭抡、吴征镒等都曾被聘为云大的兼职教授或讲师，在云大领薪兼课。所以，在一些资料中，我们会看到有的盟员既是云南大学的教授，同时又是

①　刘兴育：《云南大学与西南联大互动关系之调查》，载刘兴育等编著《岁月留痕——云大记忆》，云南教育出版社，2013。

西南联大的教授。

（二）从当时昆明的政治环境来看，以省政府主席龙云（1884—1962年）为首的云南地方实力派从自身利益出发，表面上服从国民党中央政府，实际上却抵制蒋介石对云南地方事务的插手。进入20世纪40年代以后，龙云对国民党政府的独裁腐败和对云南的控制日益不满，与蒋介石的矛盾日趋尖锐。龙云后来回忆说："抗战期间，在昆明的爱国民主人士很多，对于蒋介石的集权独裁统治，大家都深恶痛绝。他们都反对内战，希望抗战胜利后召开国民大会，制定民主宪法，用以束缚蒋介石，实行孙中山遗教，这也是我当时的愿望。所以，我对昆明汹涌澎湃的民主运动是同情的。"龙云利用自己的权力，规定中央军不得进入昆明市区，中央宪兵不得在昆明市区执行任务。而龙云本人也于1944年加入了民盟，成为民盟的秘密盟员。① 龙云加入民盟固然有想要借助民盟的力量与蒋介石分庭抗礼的想法，但客观上也起到了保护云南民盟的作用，为民盟在昆明开展活动提供了很大的空间。

在这种形势下，当时昆明民主运动的影响和规模甚至超过了陪都重庆。蒋介石也因此认为龙云主政下的云南是"自由太多"的地方，是中央难以插手的地方。当抗战中滇军大部分奔赴抗日前线后，蒋介石就开始不断渗透，逐渐将自己的嫡系中央军调入云南，一步步加强对云南的控制。1945年10月，蒋介石用武力解除了龙云的权力，将他挟持到重庆软禁起来，由卢汉出任云南省主席，并加强了对昆明的控制。此后，云南的爱国民主运动受到的限制越来越多，乃至遭到残酷镇压。

（三）从云南大学的小环境来看，当时担任云大校长的熊庆来是一位正直、富有民主思想的数学家和教育家。他在聘请教师时，看重的是学术水

---

① 龙云于1944年底由民盟主席张澜亲自发展入盟，成为秘密盟员。龙云的长子龙绳祖，以及龙云的亲信、少将作战处长刘达夫等人随后也加入了民盟。见张巨成、黄学昌《龙云与民盟关系论略》，《云南学术探索》1995年第1期；方然编著：《民主的求索者——张澜》，群言出版社，2005。

平和名气，而不问其学术倾向与政治观点，因此这一时期进入云大的教师中既有国民党员、民社党员，也有民盟盟员、共产党员。尽管他不赞成云大师生卷入政治斗争，一再要求大家"努力学习，认真研究"，但是一旦云大师生因参加民主运动遭到国民党当局的迫害或逮捕，他还是尽力设法保护，积极出面营救。"一二·一"惨案发生后，熊庆来校长很快就与西南联大的梅贻琦校长联合召开了记者招待会，说明事实真相，批评地方当局。据费孝通回忆，当国民党特务来抓他时，他立即躲到熊庆来校长家里，然后再和妻子及女儿从熊校长家乘车逃走。①

总之，1943 年至 1947 年，是民盟在云南大学活动的一个高峰时期。而 1947 年以后，由于形势的变化，尽管民盟在云南大学建立了组织，却只能在地下活动，直到云南和平解放之后，民盟才重新在云南大学活跃起来。

四、1950—1966 年的民盟与云南大学

新中国成立后的一段时间里，云南民盟仍主要以省支部临工会的名义开展活动，1952 年 2 月建立了 3 个区分部。到此时，云大民盟组织也才作为民盟云南省支部第 1 区分部，正式公开活动，并开始在教师中发展成员。同样，虽然早在 1939 年中国共产党就在云南大学建立了地下组织，也是直到 1952 年初，中共云大支部才从地下转为公开。但是即使从 1952 年 2 月开始算起，中国民主同盟也是最早在云南大学建立基层组织的民主党派。②

新中国成立后的 10 年左右时间里，是民盟在云南大学发展最快、影响最大，也是最值得骄傲的时期。这一时期，云大民盟组织发展得非常迅速，盟员在学校中的影响也很大。1950 年全校盟员还不到 20 人，到 1954 年便

---

① 《费孝通先生访谈录》，《南方周末》2007 年 12 月 27 日。
② 云南大学后来陆续成立的其他民主党派基层组织有：民革小组（1953 年）、九三学社支部（1956 年）、致公党支部（1985 年）、农工党支部（1989 年）、民建部（2004 年）、民进支部（2011 年）。见编审委员会编《云南大学志（第三卷）·党群志》，云南大学出版社，2003。

增加到了 63 人。即便是 1954—1958 年工学院、医学院、农学院先后独立建校后，到 1960 年时云大仍然还有 51 位盟员。① 这是因为一方面民盟在新中国成立前的爱国民主运动中发挥了重要作用，在广大师生中有很高的声望和影响；另一方面，民盟一直强调必须以进步的中上层知识分子为主，所以当时教师们都以能加入民盟为荣。

1950—1960 年加入民盟的云大知名教授包括：理学院的张其濬、杨桂宫、王树勋、赵雁来、朱彦丞、王士魁、卫念祖、张福华、张燮、张瑞纶、顾建中、张永立、冯竞等，文法学院的杨堃、江应樑、张若名、赵崇汉、徐知良、张德光、张家麟、李为衡、傅懋勣、王森堂等，医学院的杜棻、朱肇熙、蓝瑚、李念秀、刘崇智等，农学院的段永嘉、徐永椿等，工学院的王源璋、谭庆麟、李振家、李梦庚、刘纯鹏等。可以说，当时云南大学的骨干教师中一大半都是民盟盟员。

说起这一时期民盟与云南大学的关系，就不能不提到以下这两个人：

一位是新中国成立后首任中共云南大学党总支书记、民盟盟员方仲伯。方仲伯是四川万县人，1938 年在延安抗大加入中国共产党；1940 年受党组织安排以爱国人士李公朴秘书的身份前来昆明工作。1943 年 5 月，民盟昆明支部成立后，方仲伯同李公朴一起加入了民盟；1948 年后，他到滇南开展武装斗争，曾担任解放军"边纵"支队政委和司令员。新中国成立后，方仲伯曾任思普地区专员、云南省文教厅秘书长；1953 年 2 月调入云南大学，任中共云大党总支书记。而与此同时，他还担任着民盟云南省委副主委，为云南大学和云南民盟的发展都做出了重要贡献。但 1958 年方仲伯被错划为右派，遣送到元江红光农场监督劳动。直到 1979 年，方仲伯的右派冤案才得到平反，1980 年后他还继续担任过民盟云南省委副主委、省政协常委、副秘书长；1995 年 1 月去世，享年 85 岁。

另一位也是新中国成立前就入盟的老盟员、云大副校长寸树声。寸树

---

① 见民盟云南省委编《云南民盟（1942—2013）组织结构历史沿革》，2013，第 50 页。

声是云南腾冲人，早年在日本留学，1939 年回到云南后，在腾冲创办了益群中学、和顺图书馆等。他于 1944 年在昆明由周新民介绍加入民盟；新中国成立后，出任过腾冲县长。1950 年 10 月，寸树声被调到云南大学担任临时校务委员会副主任。在云南省政府副主席周保中兼任云大校长期间，一直由他主持学校的日常工作。寸树声从 1957 年 5 月起担任云大副校长，直到 1978 年 4 月病逝，长达 21 年，再加上前面主持工作的 7 年，共担任云大校领导 28 年。而当时学校只有一两位副校长，工作相当辛苦繁重，可以说他为云大贡献了自己的整个后半生。1956 年以后，寸树声一直担任民盟云南省主委、省政协副主席，时间也长达 22 年，他同样也为云南民盟的发展做出了重要贡献。寸树声于 1978 年 4 月去世，享年 82 岁。

20 世纪 50 年代中后期，云南大学经历了院系调整，工学院、医学院、农学系、林学系以及航空、铁道等院系先后被划出独立建校。调整后的云南大学到 20 世纪 60 年代初只剩下了文、理两个学科，全校也只有 51 位教授、副教授和 51 位老讲师（另外还有 200 多位青年讲师和助教）。当时的党委书记兼校长高治国多次强调，办好云南大学一定要"依靠这两个五十一"。而在这 51 位教授、副教授中，民盟成员就有 27 人，占一半还多，51 位老讲师中，也有 12 人是民盟成员。[①]

当时不仅云大的骨干教师中盟员多，还有多位盟员担任学校的行政领导。除了方仲伯、寸树声担任云大校领导外，新中国成立初期入盟的物理系教授杨桂宫后来也担任了云大副校长，时间长达 17 年（1966—1983 年）。1950—1966 年间的两任教务长王士魁、朱彦丞都是民盟盟员，1950—1956 年担任总务长的张瑞纶也是民盟盟员。还有多位盟员担任各个系的系主任：卫念祖（数学系主任）、朱彦丞（生物系主任）、王树勋（化学系主任）、张其濬（物理系主任）、杨堃（社会系主任）、陈复光（政治系主任）、张德光（历史系主任）、杜棻（医学院院长）、段永嘉（农学系主任）、徐永

---

① 见编审委员会编《云南大学志（第三卷）·党群志》，云南大学出版社，2003。

椿（林学系主任）。到 20 世纪 50 年代末，院系调整后的云大共有 8 个系，其中有 5 个系的系主任都是民盟盟员。1959 年云大成立的第一届校务委员会共 31 人，其中民盟盟员有 9 人，1961 年改为校常务委员会，由 11 人组成，其中民盟盟员占 5 人。① 可以说，这一时期，无论在学术方面，还是在行政方面，民盟成员几乎都占了云南大学的半壁江山。

另外，这一时期的云大还有一个很突出的现象，即党盟关系非常密切。由于历史原因，云大早期的不少盟员都具有双重身份，既是民盟盟员，又是中共党员，如楚图南（1926 年入党，1944 年入盟）、周新民（1926 年入党，1942 年入盟）、尚钺（1927 年入党，1944 年入盟）、光未然（1937 年入党，1944 年入盟）、吴征镒（1945 年入盟，1946 年入党）等。云大的首任党总支书记方仲伯 1938 年入党，1944 年入盟，在担任中共云大党总支书记的同时，还担任着民盟云南省委副主委。新中国成立以后，知识分子中普遍有这样的说法："进步者入盟，先进者入党。"因此，云大不少盟员都积极向党组织靠拢，杨桂宫于 1956 年入党，寸树声于 1957 年入党，张瑞纶、张德光、卫念祖、徐绍龄、郭文明、杨兆钧、江应樑、尤中、杨邦顺、张家麟等一批老盟员后来都加入了中国共产党。②

然而，在 1957 年的反右运动中，云南大学是一个重灾区，全校有 169 人被划为右派（包括学生）。民盟组织也受到很大伤害，盟员、教务长王士魁被作为全省"右派分子"的典型，不但受到严厉批判，还被撤销了一切职务。盟员教授张其濬、张燮、李德家、陈复光、尹华中等人被划成了"右派分子"。方仲伯被划为党内的"右派分子"，其罪名之一就是"重盟轻党"。盟员、中文系教授张若名在思想改造和反右运动中因受批判而投河

---

① 校常务委员会 11 人为：高治国、李广田、寸树声、程明轩、李一鸣、杨允中、卫念祖、杨桂宫、王树勋、朱彦丞、方国瑜；其中寸树声、卫念祖、杨桂宫、王树勋、朱彦丞 5 人为民盟成员。见《云南大学志（第二卷）·大事记（1915—1993 年）》，云南大学出版社，1997，第 266 页。

② 以上内容的资料主要来自：1.《云南大学志（第三卷）·党群志》，云南大学出版社，2003；2. 民盟云南省委编：《云南民盟大事记（1941—2012）》。

自尽。在 1966 年下半年开始的"文化大革命"中，民盟更是受到极大的冲击，被视为"反动组织"，许多盟员被打成了"叛徒""走资派""反动学术权威"，组织彻底陷入瘫痪状态。一直到 1978 年，云大民盟组织才逐步恢复活动。

五、改革开放以来的云大民盟

"文化大革命"结束后，云南大学的各项工作开始逐步恢复正常，其中也包括各民主党派的活动。1979 年 7 月 14 日，云南大学的 3 个民主党派民盟支部、九三学社支部、民革小组联合举行大会，正式恢复组织活动。中共云大党委负责人到会对各党派组织恢复活动表示祝贺，并希望各民主党派发挥专长，为学校的教学和科研做出贡献。此后，云大民盟组织就进入了一个稳定、健康发展的时期。

1979 年恢复活动时，云大民盟仍只是一个支部，有盟员 40 人左右。20 世纪 80 年代初，云大民盟支部的一项重要工作就是发展新成员，尤其是在中青年教师中发展盟员。经过努力，一批中青年教师和干部加入了民盟，给云大民盟组织注入了新的活力。后来在云南民盟中较有影响的高晓宇、廖鸿志、刘学愚、石鹏飞、肖宪等人都是在这一时期加入民盟的。随着盟员人数的增加，1987 年 6 月，经盟省委批准成立了民盟云南大学总支部，下辖 3 个支部（文科支部、理科支部和离退休支部），盟员人数达到了 78 人。后来又经过 10 多年的发展，到 2004 年，云大民盟成员已发展到 133 人，是学校人数最多的民主党派。根据形势的发展和工作的需要，2004 年 3 月，民盟云南省委批准成立了民盟云南大学基层委员会。

新时期的民盟虽然不像过去那样需要面对危险和牺牲，但同样对盟员有较高的要求。民盟中央将新时期的民盟精神概括为："立盟为公，以天下为己任，正直正派，学有专长，甘于奉献，修德守身，淡泊名利，自尊自强。"改革开放以来，云大民盟在校内外仍保持着较大的影响，这其中当然有历史的原因，有老一辈盟员留下来的光荣传统，但更重要的是新一代云大盟员中同样有一批正直正派、学有专长的知名专家学者。云大民盟成员的整体素质较高，大部分盟员都具有高级职称，都是活跃在第一线的教学、科研骨干，不少人是硕士、博士生导师，也有一些是近年从国外回来的年轻人。这些盟员学业精深、勤奋努力，出色完成本职工作，取得了优异成绩，深受同事和学生的好评和爱戴。

改革开放以来活跃的云大盟员中包括著名哲学家、美学家赵仲牧，著名历史学家尤中，著名经济学家刘学愚，资深外语教授杨邦顺，计算数学专家廖鸿志，环境生态学专家欧晓昆和陆树刚，东南亚研究专家何平，高等教育学专家张建新，材料学专家柳清菊，微纳材料专家王毓德，生物遗传学专家于黎等。石鹏飞、金子强两位盟员教授多年来在校内外举办各种讲座，被誉为"云大名嘴"，在校内外有极高的知名度。除了学术和专业领域，云大盟员在学校的行政工作方面也有突出表现，盟员倪慧芳、肖宪先后担任了云南大学副校长，田兴时、张世鸾、廖鸿志、李惠、陈志波、柳清菊、陈穗云、耿宇鹏等多位盟员先后担任了学校的院、处级行政领导。正是因为有这样一批知名专家学者、行政领导，云大民盟在校内外才具有较大的影响力。

云大民盟的重要影响还在于它在云南民盟组织中的突出地位，主要体现在两方面：一是云大民盟以自己的人才优势，积极参加盟省委的各种活动，如课题调研、参政议政、讲座报告等，为民盟树立良好形象、赢得广泛赞誉做出了贡献，多位盟员担任各级人大代表、政协委员、政府参事；二是云大民盟为云南民盟省委输送了多位干部。1997—2017 年云南民盟的连续两任省委主委高晓宇、倪慧芳都来自云大：高晓宇（1938—2022 年），云南会泽人，云南大学物理系教授、宇宙线研究所所长。曾任民盟云大总支主委、民盟云南省委副主委，1997—2007 年任民盟云南省委主委、云南省人大常委副主任；倪慧芳（1953—），云南昆明人，云南大学政治系教授，1999—2005 年任云南大学副校长，曾任三届民盟云南省委副主委，

2007—2017 年任民盟云南省委主委、云南省政协副主席，2012—2017 年任民盟中央副主席。1996 年以来先后担任民盟云南省委副主委的廖鸿志、戴抗、肖宪、柳清菊、陈穗云也都来自云南大学。此外，还有一批云大盟员担任了民盟云南省委各个专门委员会的负责人。

说到今天民盟与云南大学的关系，更值得一提的是，自 2019 年 4 月起担任云南大学校长的生态学家方精云院士也是一位民盟盟员。

方精云，安徽怀宁人，1959 年 7 月出生。1982 年毕业于安徽农业大学，1989 年获日本大阪市立大学博士学位。2005 年当选为中国科学院院士。曾任北京大学教授、中国科学院植物研究所所长，曾获得过多项国内外学术奖励，包括国家自然科学奖、长江学者成就奖、何梁何利科技奖、美国生态学会杰出生态学家奖等。方精云院士 2009 年 3 月加入中国民主同盟，现任民盟中央常委、全国政协常委。他是云南大学建校以来的第 18 任校长，也是中共云南省委、省人民政府首次以聘任方式产生的云南大学校长。方精云院士出任云大校长，谱写了民盟与云南大学 80 年特殊关系的新篇章。

（肖宪）

波澜起伏的八年

——楚图南在昆明

楚图南

楚图南一生走南闯北，历经沧桑，阅历极为丰富。他出生在云南文山，成长在省城昆明，求学在北京（北平），后来曾在安徽、东北、山东、河南、上海、昆明、香港、重庆等多地工作过，坐过牢，吃过苦，历过险；新中国成立后他又长期担任中国对外文协会长、对外友协副会长，足迹遍及全球五大洲。然而，从1937年12月到1946年8月在昆明的这8年多时间，应该是楚图南一生中最值得纪念，也最值得书写的一段经历。

一、云大附中

1937年8月，云南弥勒人、数学家熊庆来应云南省主席龙云邀请，出任云南大学校长。熊庆来早年留学法国，后在清华大学任数学系教授兼系主任，此时怀着对家乡的热爱、怀着教育救国的思想，接手云大校长之职。

熊庆来在努力办好云南大学的同时，也很重视办好云大附属中学；他根据自己在法国的观察，多次阐述过这样的观点："要办好大学，必须办好中学。在中学里没有打好基础，到大学里再补救就太迟了。"

此时，云南石屏人杨春洲刚从上海回到昆明，杨春洲在上海时是暨南大学附中教导主任。熊庆来对杨春洲的才干和经验十分了解，遂聘请他担任云大附中主任（后为校长），放手让他全权负责附中办学事务。当时的云大附中规模小，只有两班高中学生，经费也很少，每月只有750元国币，图书、仪器都是向大学借用，更缺乏的是优秀师资。杨春洲不但有丰富的办学经验，而且有报效桑梓的热情，决心将云大附中办好，办出特色。他接手后即广聘师资，扩大招生规模。

杨春洲很快就用长途电话联系了当时仍在上海的3位朋友——楚图南、杨一波、冯素陶，请他们回昆到云大附中执教，共同协力办好云大附中。楚、杨、冯3人都是云南人，也都是有学识、有品格、有经验的优秀教师。接到杨春洲的电话后，3人都先后回到了昆明，加盟云大附中。楚图南原先在上海暨南大学史地系任教，抗战爆发后正打算要离开上海，于是很快就从上海起程，乘船经香港到达越南海防，再转乘汽车到河内，然后搭上到昆明的小火车，几经辗转，终于在1937年底抵达昆明。从此，楚图南便开始了他一生中的一个重要时期，在昆明、在云南大学度过了8年多的时间。

1938年2月，楚图南开始在云大附中担任专任文史教师。他有学问、有思想，阅历深、视野广，同时他非常关心学生，因此深得学生爱戴。暑假中，他还参加了师生夏令团，与学生一起到宜良、路南（今石林，下同）等地活动，宣传抗日救亡思想，同时也了解社会，增长见识。但不久后，楚图南就受到了熊庆来校长的关注和器重。一个学期刚结束，熊庆来就把楚图南要到云南大学担任文法学院的讲师（不久又提升为副教授、教授，并兼任文史系主任）。楚图南到云大文法学院任教后，仍然一直兼着云大附中高三年级一个班的国文课。附中的很多活动他也都参加，所以附中的学生仍把他当作自己的老师一样看待，附中的教师们也仍把他当作自己的同事。

楚图南对云大附中一直都很有感情，也一直把自己视为附中的教师，杨春洲校长说他"无时无刻不关心附中"。1940年春夏之交，楚图南特意为附中写了一首歌词——《山国的儿女们》，由附中的王天祚校医谱了曲，师生们在各种集会场合，都喜欢唱这支歌。不久之后，这支歌就成了云大附中的校歌：

> 醒！醒！醒！
> 山国里的儿女们，我们创造的血液，
> 还正在沸腾。
> 起！起！起！
> 山国里的儿女们，我们得为自己，
> 为中华民族的生存，为着人类光荣的前途奋起而斗争！
> 我们要粉碎人类的枷锁，
> 要建立世界的自由、平等，与永久的和平。
> 前进，前进！
> 新的历史、美与幸福的社会，得由我们一手来完成。
> 我们的希望
> 犹如山国里朗照的太阳一样的光明！

在云大附中教书这段既平常却又很不平常的日子，给楚图南的心中留下了岁月难以磨去的痕迹和值得怀念的记忆。半个世纪之后，已是90岁高龄的楚图南，还用他那古朴凝重的书法，不仅为云大附中题写了校名，还给云大附中的学生写下了赠言："读好书，交好友，行远路，做大事。"

二、云大文史系

据杨春洲回忆："1938年初，我未经楚图南的同意，直接向熊先生推荐他到云南大学任教。但熊校长认为楚图南所任教的暨南大学并非名牌学校，而且对楚的道德学问也陌生，于是不肯接受。经我再三陈述，才勉强应允让楚先生先来试一试，兼任云大两个钟点的课程。熊校长以科学的态度，认真观察，亲自听其授课，发现楚先生确实是人才；一学期后即向我提出，这么好的国文教师在你这里，岂不是大材小用了，让楚先生到云大施展才华吧；并说，你办法多，另想办法再找人吧；即请楚先生到云大担任专任教师。短短两三年间，楚先生即由兼任讲师提升为专任讲师、副教授、教授兼任文史系主任。"

楚图南也没有辜负熊校长的厚望，在云大文史系的教学工作中，其道德文章都深得同事和学生的敬佩。后来，熊庆来在一篇日记中写道："今天我才知道，高寒（楚图南的笔名）先生曾流过血，坐过牢，戴过脚镣和手铐，但他的文学造诣还这么深，这真是难能可贵啊。"熊庆来对楚图南也十分信任，对他的活动从不干涉。一次，有个人找到熊庆来，说是在楚图南的书桌上看到一份共产党的宣传材料，要熊庆来报上去处理楚图南。熊庆来平静地对那人说，他历来不干涉别人的政治思想和立场，各人有什么见解都可以自由提出来，公开进行讨论，看到的材料可留下来。那人眼看谈不下去，达不到自己的目的，也不肯把材料留下，灰溜溜地走了。

1949 年 9 月，熊庆来作为中方代表前往法国巴黎出席联合国教科文组织的会议，因当时国内局势混乱，会后便留在了法国从事数学研究。新中国成立后，已在法国定居的熊庆来虽然思念祖国和家乡，但因自己曾在国民党时期当过大学校长，所以对回国有顾虑，但同时他又拒绝了台湾当局的拉拢。1956 年，时任中国对外文化协会会长的楚图南出访欧洲时在瑞士见到了熊庆来之子熊秉明，得知熊庆来的情况后，即向有关部门作了报告，并给熊庆来写了信，希望他能回到祖国来。1957 年 6 月，在周恩来总理的关心下，熊庆来终于回到了祖国，定居在北京，被安排在中国科学院数学研究所任研究员。楚图南、熊庆来两个老朋友又得以相见。当然，这些都是后话了。

在云南大学文史系，楚图南讲授过"文学概论""史记""文选及习作"等课程，深受学生的喜爱。在云大任教的 8 年，尽管他参加了很多社会活动，但却一直没有停止授课。[①] 除了上课外，楚图南还作过一些云南地方史、民族史方面的研究，进行过一些社会调查，发表了《中国西南民族神话研究》（1938 年）、《跋大理三灵碑记》（1946 年）、《云南史地讹误考》等学术文章，为此，1942 年他又受聘兼任云南大学西南文化研究室的研究员。

然而，楚图南这段时间更大的学术成就并不是在史学方面，而是在文学方面，包括文学创作、文学评论和文学翻译。在云南大学的这 8 年多时间里，他在创作和译作方面的收获非常丰富，先后出版了散文集《悲剧及其他》（1940 年）、《刁斗集》（1943 年）和《旅尘余记》（1947 年），以及译诗集《大路之歌》（1941 年）、《枫叶集》（1944 年）等作品。其中《刁斗集》为 40 多篇文艺评论、社会评论、随笔、散文的结集，所产生的影响也最大。"刁斗"是中国古代兵营中的器具，主要用于巡夜；楚图南将这个集子取名为"刁斗集"，原因如他所说："这与其说是抗拒前方的敌人，毋宁说是要警惕后方的黑夜。"他在文集的题记中写道：

　　我愿意看着黑暗的天，听着刁斗的声音，四周是这样的凄寂，
　　但我知道大地并没有熟睡，中国也在重重艰苦的斗争中活着。

在短短八九年时间里，既要为学生授课，又要参加大量的社会活动，况且当时的工作和生活条件又是那样的艰辛，还能产生出如此丰富和高水准的学术成果，实在是难能可贵，也实在令人钦佩。

---

① 例如，在"国立云南大学三十四年度（1945 年）各院系必修及选修课程表"中，还有楚图南开的"文选及习作"（6 学分）、"文学概论"（4 学分）。见刘兴育主编《云南大学史料丛书·教学卷（1922—1949 年）》，云南大学出版社，2011。

三、"美不美，家乡水"

楚图南虽然是云南人，但他一生中真正在云南生活的时间并不算多：

13 岁从老家文山来到昆明，1913—1919 年在昆明联合中学读书，在昆明生活了 6 年；

北京高师毕业后回到昆明，1924—1926 年在省立一中、省立女中和民德中学任教，一共只有 2 年左右；

1937 年底从上海回到昆明，1946 年 8 月又离开昆明前去上海，在昆明共 8 年零 8 个月。[①]

满打满算，他在云南生活的时间不到 30 年，只占他一生不到 1/3 的时间。然而，他却认为自己就是云南人，而且是土生土长的云南人。在他的许多文章中，都表达了对家乡云南的热爱，而且站在云南人的立场上，为边地云南和内地的交流、沟通做了许多工作。

抗战时期的云南（昆明），由于内地机关、学校、工厂的大量迁入，一时间出现不少新的问题和矛盾。当时除了蒋介石的"中央"与龙云的"地方"之间控制与反控制的矛盾外，就文化教育界来说，还有"本省人和外省人、云大和联大之间的隔阂"以及"高级知识分子之间如留美派、留欧派、洋教授和土教授等门户之见"，等等。楚图南的《云南文化的新阶段与对人的尊重和学术的宽容》的文章，就是针对"本省人和外省人"的问题而写的。

当时云大的一位教师李长之（山东人）写了《昆明杂记》一文，说云南、昆明给了他良好的印象，但文中也有一些对昆明的讽刺和调侃，可能

---

① 据有关资料，楚图南自 1946 年离开昆明后，只有两次回过昆明：一次是 1960 年 9 月，以中央对外文化联络委员会副主任身份在昆明为缅甸文化代表团送行；一次是 1981 年 7 月，前来昆明参加民盟云南省委举行的"纪念李公朴、闻一多烈士殉难三十五周年；庆祝中国民主同盟成立四十周年大会"。

并没有什么恶意。可是，许多云南人却很不满意，不但在报纸上发表了大量围攻他的文字，据说还有人威胁他的人身安全；后来，李长之只好离开了昆明。楚图南对这一现象进行了批评，认为应当有对人的尊重和对学术的宽容。他在文章中说，庄蹻来滇，佛教输入，沐英到云南，都带来了先进的文化，推动了云南发展。抗战以后，外省人来滇，乃大势所趋，他们为云南带来了新的风貌，云南人理应表示欢迎。他认为，外来者固然不应当取笑和嘲讽云南的落后、封闭，而云南人也不应盲目排外，要以宽容的心胸接纳外来者；应该"打通地理的限制、社会的壁障"，认为"这是一种历史和社会的必然趋势，是任何人所不能，也不应阻止的"。

他还说，许多云南人（主要是云南的文化人）听不得外省人的批评，结果呢，人家只好用恭维来对付你、欺骗你了。他说：

> 我们只要看看来到云南的学者名流，对于云南的批评，总是冠冕堂皇的一套恭维，如云南天时气候如何，人民性质如何，社会秩序如何之类。照他说来，云南真好像是天堂一样了。我认为这若不是对云南人的一种侮辱，也就是对云南人的一种欺骗。

曾经在北京、哈尔滨、长春、开封、上海等地学习和工作过的楚图南，很清楚当时云南与中原内地之间的差距。只有如此见多识广，才可能进行这样的比较，也才能够看清楚家乡和家乡父老的局限，应该说，楚图南正是满怀着对家乡云南的深爱才这样来看问题的。然而，楚图南作为一个先进的知识分子，他的思考还有着超越乡情的高度和深度。他明确地指出，云南人应当对外来者及外来的文化采取尊重和宽容的态度，"这不单是促进云南文化的问题，而且也是增强抗战期间文化阵线的实力的问题"；他希望云南人不光对这问题要有一种"新的认识"，而且要有一种"新的雅量和大度"。

在他任教云大期间，敌机常来轰炸昆明，楚图南全家曾疏散到郊外的碧鸡关和棕树营1年多，生活非常艰苦。他此时写下的一些记行文字都收录在散文集《旅尘余记》中。全书分为 4 部分："碧鸡关的故事""记棕树营""路南夷区杂记""难忘的……"，共 27 篇文章。这些散文描写和记述了当时昆明的人、事和生活，以及作者对故人、故地、故乡的记忆，忠实、客观地记录了这段岁月。从这些文字里，读者可以感受到楚图南对家乡云南深沉的热爱。他自己也说，从这些文章中"可以看见我行走在天空或梦幻中的步履，已渐渐地踏在人间，踏在人间的泥土里了"。

楚图南 1946 年离开昆明后，就没有再回云南生活，只有 1960 年和 1981 年两次因公在昆明作过短暂的停留，但他一直关心着家乡的情况，想念着家乡的人民。1988 年 7 月，云南文山民族歌舞团到北京演出，他在自己家里接待了有关人员，高兴地说"美不美，家乡水；亲不亲，故乡人"，并与大家合影留念。凡云南来的人找到他，无论地位高低，身份贵贱，他都热情接待；求赐墨宝的，他都欣然挥毫。① 他还多次深情地说："我虽然长期在北京工作，但对滇池那种特殊的亲切感却至今未泯。"

四、爱国民主运动

来到昆明后不久，楚图南就投入了云南的进步文化活动。他于 1938 年中发起成立了文协（中华全国文艺界抗敌协会）云南分会，并担任常务理事，组织过文协的多次活动，并写过一系列文章。1943 年，他又参加了中共地下党员周新民、孙起孟等人组织的文化界知名人士的"九老会"，并在其中发挥着重要作用，他的老朋友杨春洲、冯素陶和李公朴、郑一斋、张天放等也都在其中。不久后，中共地下党员华岗来到昆明，以云大社会学教授的身份开展活动，楚图南协助他组织了西南文化研究会，将潘光旦、吴晗、闻一多、费孝通、曾昭抡、冯素陶、潘大逵、尚钺、李文宜等一批

---

① 楚图南不仅是一位著名的文学家和学者，也是一位造诣很深的书法家。他的字如其人，行家评说"具有庙堂气象，写正书，取势中正，体格近颜而直逼汉书"。

进步知识分子聚集在一起，大家常在一起讨论问题、交流思想。

1941 年 3 月，中国民主政团同盟在重庆成立。1942 年秋冬之交，民盟总部派中央执行委员、宣传部长罗隆基来昆明筹建地方组织。罗隆基到昆明后，即会同原已在昆的民盟盟员、西南联大教授潘光旦和云南大学教授潘大逵开展工作。上述的九老会和西南文化研究会，实际上已为在昆明建立民盟地方组织奠定了思想基础和组织基础。1943 年 5 月，中国民主政团同盟的第一个地方组织——昆明支部成立，楚图南、李公朴、冯素陶等人随即加入了民盟，成为最早以个人身份入盟的成员。大多数九老会和西南文化研究会的参加者也都先后加入了民盟。

1943 年到 1946 年，是昆明民主爱国运动高涨的时期。楚图南利用他在文化界和社会上的影响，在中共地下组织的支持下，同李公朴、闻一多、罗隆基、吴晗等民盟领导人一道，组织了一系列活动，如"昆明各界双十节纪念大会""云南护国起义纪念大会""五四纪念周活动"，以及西南联大、云南大学、中法大学、省立英专等校进步学生组织及文协昆明分会等进步社会团体联合举办的抗战时事报告会、鲁迅逝世纪念会，成立新诗社、开办文化沙龙、为重庆贫病作家募捐等社会进步活动。他经常作为活动的组织者主持大会、发表演讲、参加示威游行，推动昆明的爱国民主运动一浪高过一浪。

楚图南还利用自己是云南人的关系，积极做云南地方实力派的工作，协助秘密发展了省主席龙云以及其子龙绳武、刘达夫、朱健飞等地方实力人物加入民盟，使昆明的爱国民主运动经常得到地方实力派的支持和保护，更加蓬勃地发展起来。昆明也因此成为了抗战大后方著名的"民主堡垒"。

1944 年 10 月，民盟昆明支部改名为中国民主同盟云南省支部，罗隆基、潘光旦、周新民、潘大逵、李公朴、闻一多、楚图南、吴晗、费孝通 9 人当选为支部委员，罗隆基任主委。1945 年 10 月，在重庆召开的民盟第一次全国代表大会上，云南省支部的楚图南、闻一多、李公朴、冯素陶、李文宜、辛志超被增选为民盟中央委员。1945 年 12 月，在民盟云南省支部的第一次盟员大会上，选举了楚图南、冯素陶、费孝通、闻一多等11人为执行委员，楚图南任主任委员。至此，楚图南已经站到了昆明爱国民主运动斗争的第一线。

1945年8月，在抗日战争取得胜利、全国人民都以为和平来到时，内战的阴云却又密布在中国的天空。龙云管辖下的云南，被蒋介石认为是"自由太多"的地方。10月3日，发生了所谓的"昆明政变"，蒋介石的嫡系部队包围了昆明，激战后将龙云的警备部队缴械，龙云也被迫离开昆明前去重庆"任职"，被软禁了起来。1945年12月，昆明发生了震惊全国的"一二·一"惨案，国民党特务疯狂镇压为反内战举行罢教罢课的各校师生，导致4人死亡，30多人受轻重伤。反动当局的暴行激怒了千百万人民群众，全国许多大中城市纷纷举行游行示威，掀起了反内战、争民主的高潮。

在"一二·一"爱国运动中，楚图南同闻一多、周新民、吴晗、费孝通等民盟负责人一道，发动和组织昆明各校师生同国民党当局进行了有理、有力、有节的斗争。云大教职员发表了由陆钦墀教授领衔的71人签名的《云南大学教职员为昆明市学生罢课遭伤亡事敬告各界书》。接着，有400多人签名的《昆明市各大中学教师罢教宣言》也正式发表，楚图南、闻一多、费孝通、潘光旦、向达等云大、联大教授都在宣言上签了名。民盟云南省支部也发表了《对"一二·一惨案"的抗议》，严厉谴责国民党反动派的法西斯暴行，要求严惩凶手，抚恤死难家属，赔偿一切损失。在声势浩大的"一二·一"四烈士出殡大游行和葬礼中，楚图南同闻一多、吴晗、尚钺等人作为组织者，始终坚定地走在游行队伍前列，为取得这场影响深远的爱国民主运动的胜利做出了特殊的贡献。

五、李闻惨案和领馆避难

进入1946年后，民盟云南支部呼应中共和民盟中央的政治主张，坚持和平建国方针，揭露国民党反动派的内战阴谋，遭到了国民党地方当局的忌恨。特务们四处造谣惑众，上街游行，污蔑民盟要在昆明组织"暗杀公司"，要搞武装暴动夺权。面对阵阵恶浪浊水，民盟云南省支部决定召开记者招待会，公开表明自己的观点、立场和主张，"想通过社会影响和社会舆论造成一种声势，来改变这种形势或推迟危机的爆发"。

由楚图南、闻一多、潘光旦、李公朴、潘大逵、冯素陶、费孝通7位民盟云南支部负责人出面，于6月底3次在昆明商务酒店和冠生园举行各界招待会，介绍民盟的政治主张，揭穿敌人的无耻谎言。在招待会上，楚图南以云南民盟负责人的身份，发表了题为"民盟的政治主张与政治态度"的讲话，阐明了民盟争取和平民主，反对内战独裁的政治主张和决不搞阴谋、暗杀的坦荡作风。为了进一步表明态度，民盟云南支部还发起了"为呼吁和平救济灾区万人签名运动"，并发出了由闻一多修订的致蒋介石和毛泽东的电文，希望国共双方开诚相见，立即宣布长期停战，火速救济灾区，共商治国大计。楚图南等民盟领导人带头签名，并发动了昆明各界万余人参加和平签名运动。

民盟有理、有节的斗争，使反动当局更加恼怒，后来终于图穷匕见了。1946年7月11日晚，李公朴与夫人外出返家时，经过云南大学旁边的青云街学院坡，李公朴被特务用美制无声手枪击伤，子弹由后腰射入于腹部穿出，因失血过多于次日凌晨逝世，弥留之际的最后一句话是"我已经准备好了……为民主而死……"。次日，楚图南主持了民盟支部紧急会议，会后发表了《民盟云南支部发言人为李公朴同志被暴徒暗杀事件之严重抗议》和《李公朴先生被刺经过》，揭露事实真相，向国民党当局提出强烈抗议，并要求查办凶手，抚恤家属，实现人民的人身自由权利。

7月15日，闻一多到云南大学至公堂参加了李公朴死难经过报告会。他在会上痛斥反动派的法西斯暴行，作了著名的"最后一次讲演"；下午又往《民主周刊》社举行记者招待会。会后，他与长子闻立鹤返回联大西仓坡宿舍，在距家门不远处，被尾随而来的特务用冲锋枪扫射，身中8弹，当场遇难。

短短5天内，李、闻接连被害，中外震惊，举世激愤。

就在闻一多被杀害的当天夜里，美国驻昆明领事馆副领事罗斯（Rose）亲自（或派人）驾驶吉普车分头到楚图南、费孝通、潘光旦、潘大逵、冯素陶、张奚若、尚钺、赵沨、金若年等人的住处，将他们（及少数家属）接到美国驻昆明领事馆"避难"。后来，大家才知道，潘光旦得知闻一多遇刺的消息后，立即和他比较熟悉的美国驻昆副领事罗斯联系，说他自己和一些教授朋友的安全受到威胁，希望美领馆能提供保护。于是，罗斯亲自（或派人）先后将上述人员接到领馆保护起来。当时大家分析，楚图南、潘大逵、冯素陶分别是民盟支部的主委、组织委员和财务委员，应该优先接来保护。由于领馆的条件有限，除了几位年纪较大的教授外，其余的人都只能睡在沙发或地毯上。当然，罗斯也向南京的美国驻华大使馆和美国国内报告了此事。

闻一多遇害和"十教授美领馆避难"的消息第二天便登上了报纸。7月17日向全国公布的《民盟云南省支部为闻一多同志遭暗杀的紧急声明》，也是几人在领事馆里讨论、起草后，由冯素陶带出交由新闻界发表的。该紧急声明称，闻一多遇害是"有计划的政治暗杀行为"，是"法西斯反动派决心放弃以和平民主方式解决当前国是问题的具体表现"。避难人员还通过各种渠道与南京的民盟总部取得联系，通报事件进展，提出工作建议。民盟总部派梁漱溟、周新民前来昆明调查李闻惨案并营救避难人员。经过一系列努力，云南省主席卢汉到领馆看望了避难人员，作出保证避难人员安全的承诺，但要求他们尽快离开昆明，并表示可以为他们离开领馆和昆明提供帮助。于是，从7月30日起，避难人员陆续离开美国领事馆。历时半个多月的"避难事件"才算结束。

1946年8月8日，楚图南和张奚若、尚钺、赵沨乘同一架飞机离开昆明前往上海，又开始了他新的一段人生旅程。

主要参考资料：

1. 张维：《楚图南》，群言出版社，2013 年版。

2. 张勇、汪宁主编：《楚图南纪念文集》，云南美术出版社，2008 年版。

3. 麻星甫编著：《楚图南年谱》，群言出版社，2008 年版。

4. "楚图南"条目，《云南大学志》第十卷《人物志（一）》，云南大学出版社，2000 年版。

5. 肖伟俐：《楚图南：风雨狂澜九十年》，《名人传记》2012 年第 1 期。

6. 楚泽涵：《楚图南在美国领事馆避难记》，《炎黄春秋》2011 年第 9 期。

（肖宪）

难忘至公堂　难忘会泽院

——费孝通与云南大学

费孝通

　　在费孝通先生波澜起伏的一生经历中，云南大学有着独特而重要的地位。从 1938 年 11 月到云大任教，到 1946 年 8 月离开云大，费孝通一共在云南大学工作了近 8 年时间。这一时期正是云南大学快速发展、水平迅速提升的时期。对于费孝通来说，这 8 年也是一个非常重要的时期，用他自己的话来说，这个时期是他"学术生命、政治生命和家庭生活的新起点"，因此他把云南视为自己的"第二故乡"。

一、重要的学术发展期

　　1938 年 8 月，费孝通从英国伦敦大学经济政治学院获得博士学位后，便启程回国。当时中国正遭日本帝国主义侵略，费孝通途中在轮船上听说连广东等地都已沦陷，已不可能再回江苏老家了，就从越南的海防登陆，乘火车辗转来到了中国抗战的大后方昆明。

当时云南大学校长熊庆来是云南弥勒县人，早年曾留学法国，后来长期在清华大学任教，1937年应云南省主席龙云之邀出任云南大学校长。熊校长深知要办好一所大学，主要靠的是人才。为了在云南大学开办社会学系，1938年他专门申请了中英庚子赔款设立教席，邀请吴文藻先生从北京来昆明，担任社会学教授兼系主任。吴文藻是费孝通原来在燕京大学的老师，当他知道费孝通从英国回国后，立即向熊校长推荐了费孝通。于是，1938年11月，费孝通受聘到云大社会学系工作，并且也获得了中英庚款资助。虽然吴文藻创建了云南大学社会学系，但1940年10月便离开了云大。在此后的6年时间里，费孝通一直是云南大学社会学系教授兼系主任，所以应该说云南大学社会学的奠基人实际上是费孝通。

费孝通在英国的导师是国际上著名的功能学派社会学家马林诺斯基，从马氏那里，费孝通学到了许多社会学的新理论和新方法。回国后，他结合中国实际情况，在云南大学开创了一套先进的、很有特色的社会学研究方法，其核心就是中西结合，注重实践；解剖麻雀，以小见大。最主要的方法有二，一是田野调查，二是学术研讨。

到云南大学工作仅两个星期，费孝通就开始到离昆明有100多千米的禄丰县乡下进行社会学调查。1939年、1940年他和助手张之毅、史国衡等人又多次到昆明、玉溪、大理等地进行社会学田野调查。他为什么迫不及待地去搞社会调查，他后来在一本书中写道："我当时觉得中国在抗战胜利之后，还有一个更严重的问题要解决，那就是我们将建设成怎样一个国家。在抗日的战场上，我能出的力不多，但是为解决那个更严重的问题，我有责任用我所学到的知识，多做一些准备工作。那就是科学地认识中国社会。"

他们探村镇、访农户、入社区、下工矿，进行深入、细致和脚踏实地的调查。为了更深入全面地了解情况，他们还在一些地方建立了工作站。在调研基础上，他们先后完成了《禄村农田》《易村手工业》《玉村农业和商业》《昆厂劳工》等一批调查报告。为了调查云南的贸易情况和社会生活，费孝通甚至还跟随驮货的马帮远行。他穿着赶马人的羊皮褂，跟着马帮起篝火，吃干粮，住小庙。直到晚年，费孝通提起云南的马帮还非常动情，说自己是"思想上的马帮"。

1939 年初，云南大学成立了社会学研究室，由费孝通主持。为躲避日本飞机轰炸，1940 年初研究室搬到离昆明约 20 千米的呈贡魁阁。魁阁是一座三层塔楼，是旧时文人为求学业有成，祭祀文曲星（魁星）的地方。费孝通描绘道："这座破败的三层古庙外面风景很美，内部却陈旧不堪。地板踩上去嘎吱作响，墙缝里藏着小虫，叮得人浑身发痒。"然而，费孝通和他的同事们就在这个简陋的地方开展了深入的学术研究。他们经常举行所谓的"席明纳"（Seminar，即学术研讨）。费孝通后来回忆道："有 6 个研究人员和我家同住一个地方，这就给我们以充分讨论的机会。我们作实地调查分散数日后，重聚在一起举行我们所说的研究会，这是马林诺斯基的传统；这种讨论有时在热烈而愉快的气氛中进行半天。"[①] 有时他们也会为某个问题展开激烈的争论，然而正是在这种自由而深入的学术讨论中，大家对研究的问题有了更深刻的认识。

1942 年底，美国国务院邀请中国 10 所大学的 10 位教授访美，其中也包括云南大学。由于费孝通英文好、专业强，又有英国留学的经历，熊庆来校长就派他代表云南大学访美。从 1943 年 6 月到 1944 年 6 月，费孝通在美国访问和工作了整整 1 年。在美期间，他把云大社会学研究室的调查报告整理后译为英文在美出版，主要成果有二：一是包括《禄村农田》《易村手工业》《玉村农业和商业》三份调查报告的《云南三村》（英文名为 *Earthbound China*）；二是收入了《昆厂劳工》等调查报告的《中国进入机械时代》（*China Enters the Machine Age*）。加上另外一些学术著作，费孝通将它们称为"魁阁的成果"。在 1947 年出版的《不列颠百科全书》中，云

① 《费孝通先生访谈录》，《南方周末》2007 年 12 月 27 日。

南大学被列为中国 15 所著名大学之一，有费孝通等一批国际知名教授，是一个很重要的原因。

据不完全统计，费孝通 1939—1946 年在云大工作期间，个人共出版中文著作 2 部，中文译著 2 部，英文著作 2 部，学术论文 34 篇。另外，他还有一些文章当时没有发表，后来被编入了著名的《乡土中国》一书中。在那样一种艰苦、动荡的岁月里，能取得如此多的学术成果确实是很不容易的。费孝通晚年曾说："从《江村经济》到《云南三村》，还可以说一直到 80 年代城乡关系和边区开发的研究，中间贯穿着一条理论的线索。《云南三村》是处在这条线索的重要环节上，而且在应用类型比较的方法上也表现得最为清楚。"[①] 除了学术研究，费孝通还和同事们一起培养出了一批优秀的社会学人才。从 1940 年到 1945 年，他先后为云大社会学系的学生开设了"经济社会学""家族制度""社会学""社会制度""社区研究""近代社会理论与方法""云南农村经济"等多门课程。

费孝通 1944 年秋从美国回来后，继续担任云大社会学系主任，同时也在西南联大兼任教授，直到 1946 年 8 月才被迫离开昆明，离开云南大学。由于各种原因，云大社会学系也于 1954 年被停办，直到 1995 年才重新恢复。吴文藻、费孝通创建的社会学至今仍是云南大学的重点学科之一，从社会学延伸发展出来的民族学和人类学，现在已成为云南大学实力最强、影响最大的全国重点学科。费孝通等前辈学者的学术传统、学术成果、研究方法，今天仍影响着云南大学的后辈学人。

二、从书斋走向战场

在云南大学任教期间，也是费孝通民主爱国思想逐渐形成，从一个纯粹的社会学学者发展成为一位民主战士和社会活动家的关键时期。

---

① 费孝通、张之毅：《云南三村·序》，社会科学出版社，2006，第 6 页。

抗战期间和抗战胜利后，大后方昆明的民主爱国运动蓬勃发展，云南大学是当时昆明著名的"民主堡垒"。作为一个有良知的爱国知识分子，费孝通亲眼目睹了国民党当局的专制和腐败，自然要思考国家的前途和未来，并投身到反独裁、反内战、争民主、争自由的爱国民主运动中。1944 年秋，费孝通从美国回到云南大学后不久，就由他的老师和好友、西南联大教授潘光旦和云南大学教授吴晗介绍加入了中国民主同盟。① 这也就是他所说的"政治生命的新起点"。

1944 年 10 月 1 日，中国民主同盟云南省支部（原先为中国民主政团同盟昆明支部）举行成立大会。支部共有盟员 100 多人，其中有不少是云南大学的教授，如费孝通、潘大逵、楚图南、周新民、尚钺、李德家等，也有一些是西南联大的教授，如潘光旦、罗隆基、曾昭抡、吴晗、闻一多等。在此次会议上，费孝通还被推选为民盟云南省支部的委员，其他的委员还有罗隆基、潘光旦、周新民、潘大逵、李公朴、闻一多、楚图南、吴晗，一共 9 人。②

加入民盟后，费孝通有了组织，活动的范围也从书斋、学校扩大到了社会。他后来回忆："吴晗有一次很郑重地把一个名字交给我，要我把他安置在云大社会学系。我明白这位先生一定有来路，但是我问也不问，就照办了。这位先生就是华岗同志，党中央派来西南指导工作的。我这样做心里觉得这才算是'够朋友'。有时候我回想起当时这种朦胧劲儿，有些确是幼稚可笑，但也常觉得它的可爱和可贵。同志之间能这样重然诺，轻生死，

---

① 关于费孝通的入盟时间，有资料说是 1945 年，也有说是 1943 年。费孝通自己在《我与民盟》（群言出版社，1991）中写道："记得 1944 年秋天之后，我和民盟的关系又进了一步。那时潘（光旦）、闻（一多）、吴（晗）三位同志住到昆明城里来了，我不久也搬回城里，住在云大。我们之间的往来从此更多了。楚图南、尚钺和潘大逵等同志原是云大的同事，我那时也知道是'自己人'了……我也被社会上认为是盟员，自己也就以盟员自居了。"当时加入民盟没有严格的组织手续，也没有形式，只是一种道义之交，握手成誓。他还说："1944 年秋天，我就以盟员自居了。仿佛记得多年后为了填什么表，问过潘光旦先生谁是我的入盟介绍人，他说写上他和吴晗就是了。"

② 民盟云南省委员会编：《云南民盟大事记》，1992，第 8 页。

肝胆相照，言从不疑，政治组织才有真正的生命。"

抗战胜利后，国内时局并没有好转，反而因国民党的统治和内战变得更加紧张。除了参加民盟的活动外，费孝通还以其他方式从事民主爱国运动：一是通过上课、讲演等活动，向学生和社会各界宣扬民主和进步思想，抨击国民党政府的黑暗统治。由于他学问好，影响大，又敢于直言，是学生最仰慕的"民主教授"之一。二是写政论文章，针砭时弊，揭露国民党当局的专制、独裁、腐败，《时代评论》《大公报》《中央日报》《民主周刊》等报刊上常有他的文章。他后来说："我那时是知识分子的头头，经常发表政论……那时是我的社会活动的高潮，思想的高潮，是民主、人权。"此外，费孝通、潘光旦等人还与英、美等国驻昆明领事馆保持联系，常把民盟的纲领、宣言译成英文交给他们，通过他们向国际上宣传民盟的主张。他后来回忆道：

> 潘光旦先生是我的老师，在我进清华以前就熟识的。这个师生关系是我接受政治启蒙的基本社会关系。闻一多先生是潘先生的同学和经常来往的朋友。吴晗是我的老同学，但也是由于他是个常到潘先生家去的朋友所以特别熟，昵称老晗。从许多老师和同学中逐渐突出这几个人，那就是和民盟组织关系的开始。
>
> 那时我和这几位同志的来往不仅在思想上受到他们的影响，而且在行动上也配合了起来。潘先生和云南地方势力有联系，他利用这个关系，开展对云南地方机关人员的宣传工作，由缪云台先生出面组织进步教授到各机关去演讲，我是一个有约必允的讲员。我那时生活困难，要靠卖文补给，潘先生就介绍我为云南各报写社论，宣传进步观点，在后方起到一定的效果。吴晗是做青年工作的，他组织种种活动，像时事讨论会等，总是拉我去参加发言，受到他们的鼓励和督促；即使枪子在头上飞，我也是义无

反顾的。①

1945 年 11 月 25 日晚，西南联大、云大等学校的师生约 6000 人在昆明举行"反内战时事演讲会"，由费孝通、钱端升、伍启元和潘大逵 4 位教授就和平民主、联合政府等问题发表演讲。演讲会引起了国民党反动派的恐慌，他们出动了大批军警特务包围了会场，进行阻挠、恐吓和破坏。当轮到费孝通演讲的时候，会场突然停电，并响起了枪声。面对威胁，大家没有退缩，而是点亮汽灯，继续演讲。费孝通在台上高声说："我请求你们大家不要害怕——让我大声疾呼，用我的声音压倒枪声……不但在黑暗中我们要呼吁和平，在枪声中我们还要呼吁和平。"几天后，昆明发生流血惨案，引发了著名的"一二·一"爱国民主运动。费孝通、楚图南等人随即以民盟支部的名义举行招待会，向社会各界公开揭露反动当局的法西斯暴行，他担任主编的《时代评论》还出版了悼念死难者的专辑。

云南民盟支部的活动，使反动当局既害怕又恼火。他们把闻一多、李公朴、楚图南、费孝通等一批爱国民主人士列入了黑名单，准备用暗杀手段逐一清除。1946 年 7 月，发生了震惊全国的李闻惨案，李公朴、闻一多先后遭到暗杀。接下来，反动派的枪口又对准了楚图南、费孝通等人，他们的处境十分危险。国民党特务不时光顾费孝通家所在的云南大学教员宿舍，甚至还在围墙上打了个洞，随时准备过来抓人行凶。在此危急时刻，美国驻昆明领事馆主动出来提供帮助和保护。费孝通后来回忆道：

> 闻一多事件之后，差不多杀到我了。美国领事馆的车子开到云南大学来救我……车子一开出，特务就到了家里面了……我先抱了一些东西到校长熊庆来家躲一躲。我是从校长家上的车，再把她们两个（妻子和女儿）救到车上。②

---

① 费孝通：《我与民盟》，群言出版社，1991，第 89 页。
② 《费孝通先生访谈录》，《南方周末》2007 年 12 月 27 日。

除了费孝通外，得到美国领事馆保护的还有楚图南、冯素陶、潘大逵、张奚若、潘光旦、尚钺、赵沨、金若年等爱国民主人士。第二天，社会上就知道了"十教授领事馆避难事件"。几天后，云南省主席卢汉到美国领事馆答应保证避难人员的安全，但避难人员必须离开云南。在此情况下，费孝通被迫于 1946 年 8 月离开昆明去南京，年底再次前往英国。1947 年回国后便到清华大学任教。

三、家庭生活的新起点

也正是在云南大学期间，费孝通结婚生女，进入了"家庭生活的新起点"。

1935 年 12 月，费孝通与新婚妻子王同惠在广西大瑶山作民族考察时，王同惠不幸坠崖身亡。对爱妻的去世，费孝通深感悲痛和自责，此后几年一直深陷在这种情绪中，难以自拔。再加上 1936 年后他到英国留学，全身心投入研究和博士论文的写作，所以一直未考虑再婚。

1939 年，到云南大学工作后不久，经大哥费振东（印尼华侨，后任民盟中央常委）介绍，费孝通认识了从印度尼西亚回到昆明的孟吟女士，二人一见倾心，不久便在昆明结婚。此后 55 年，费孝通与孟吟同甘苦、共患难，相伴终生，直到孟吟于 1994 年 12 月去世。费孝通曾说："我的爱人是农村来的，她的父亲是村民，但不是真正的农民。我喜欢她是由于她有一些我所缺少的东西。她单纯，有'乡土气息'。她不喜欢看电影，但喜欢在屋里屋外劳动。她殷勤好客，这是在农村养成的性格。"

1940 年，日本飞机频繁轰炸昆明，敌机一来，就会响起刺耳的警报声，大家就要跑到防空洞或野外去躲避，昆明人把这叫作"跑警报"。因为经常跑，到后来大家也习以为常了。费孝通曾在一篇文章中写道，昆明跑警报，在跑的人来说，即使不说是一种享受，也决不能说是受罪；他还说，昆明这种跑警报，除了心理上的安慰外，我是不相信有什么效用的。这年 10 月的一天，在敌机的狂轰滥炸中，费孝通在文化巷住的院子也被炸坏了。为了安全起见，他们搬到呈贡乡下躲避。但这年12月，连他们在呈贡古城村租住的农舍也被炸毁了。而就在此时，孟吟就要临产了，费孝通十分着急。后来好不容易在县城边上找到一个广东人开的小诊所，孟吟在这里生下了一个女儿。为纪念前妻王同惠，费孝通给这个独生女取名费宗惠。

呈贡离昆明城大约20千米，虽然当时工作的魁阁研究室和给学生上课也都在呈贡，但费孝通不时还是要回云南大学校内办事。当时唯一的交通工具就是小马车，在坑洼不平的路上要颠簸两个多小时，有时甚至要步行，走一趟单程就要四五个小时。一直到1944年秋天，费孝通的家才从呈贡乡下搬回昆明城里。从1940年到1944年秋，费孝通一家在呈贡古城村住了差不多4年。1986年6月，已76岁的费孝通因公途经昆明，还专程到呈贡去看当年住过的地方，并深情地说："我的事业是在呈贡发展的，我永远也忘不了这个地方。"他还即兴为呈贡区题词："远望滇池一片水，水明山秀是呈贡。"

在云南大学工作期间，费孝通曾先后住在昆明的承华圃街51号、文化巷48号以及云南大学校内教员宿舍等处，其中在文化巷48号院子住的时间最长。当时他们家的生活比较清苦，因为物资匮乏，物价飞涨，有时不得不靠写文章，挣点稿费补贴家用。费孝通后来说，"我们穷得要命。我为什么写文章？家里米不够了。我是摆摊头写文章。云南大学下面有个茶馆店，我就坐在那儿，这不是摆摊头吗？他们都到那儿来找我要文章，当天拿去，第二天报纸就出了。以稿费维持生活，薪水一半不到。"

费孝通初到云大时是副教授，每月薪水为国币234元，由庚款支付，学校再给车马费160元。1940年他被聘为教授，后又兼系主任，每月薪水为450元，加上330元的研究补助费。1943年以后，费孝通作为教授兼系主任，每月薪水加到了550元，仍有330元研究补助费。① 这样的收入，比起每月只有100—200元的助教、讲师是不算少了。但当时物价飞涨、货币贬值，教授的日子也很不好过，就只好靠写文章或者兼课（费孝通1944年后同时还在西南联大兼课）来维持生活了。

值得一提的是，费孝通的二哥费青此时也在云南大学工作。费青毕业于德国柏林大学法律系，1939年底回国后也来到昆明，受聘于云南大学法律系，开设"国际私法""法理学"等课程。兄弟两人先后在昆明结婚成家，同住在文化巷48号的院子里。费青也是一位"民主教授"，经常在《时代评论》《民主周刊》发表文章。"一二·一"惨案发生后，费青在费孝通主编的《时代评论》悼念专辑封面上写了一副挽联："此处是民主堡垒，贫贱未移，威武不屈，更使尔碧血英魂常共守卫；空负了锦绣河山，豺狼当道，鸱鸮飞天，当此际阴风惨日无限悲怆。"兄弟两人同在一所大学当教授，住在同一个院子里，而且有着同样的政治信念，一起进行爱国民主斗争，这在全中国、全世界都是不多见的。

在云南大学的8年，给费孝通留下了难以忘怀的记忆。离开昆明后，他多次充满感情地回忆起这段时光。20世纪50年代，他曾作为中央民族访问团、国家民族委员会的负责人和专家，率队到云南来进行民族调查和知识分子问题调查。改革开放后，他又以全国政协副主席、全国人大常委会副委员长和民盟中央主席的身份，多次来到昆明和云南大学。1998年，北京市成立了云南大学校友联谊会，已近90岁高龄的费孝通欣然同意担任名誉会长，并在成立大会上讲话。他深情地说：

> 在云南8年，是我一生中最重要的时期……
> 　　我想起"一二·一"运动，云大有不少革命的、值得纪念的地点，如至公堂、会泽院。50年过得很快，年轻的也老了。但这

---

① 刘兴育主编：《云南大学史料丛书·经费校产卷（1922—1949年）》，云南大学出版社，2013，第101、207页等处。

是人生值得纪念的一段，想起来，是值得纪念！①

主要参考资料：

1. "费孝通"条目，《云南大学志·第十卷·人物志（三）》，云南大学出版社，2013 年版。

2. 费孝通：《我与民盟》，群言出版社，1991 年版。

3. 张维：《西南角：民国文人抗战年月的那些事》，江苏文艺出版社，2014 年版。

4.《费孝通先生访谈录》，《南方周末》2007 年 12 月 27 日。

（肖宪）

---

① 见费孝通《在北京市云南大学校友联谊会成立大会上的讲话》，载《感悟云大文化》，云南大学出版社，2006，第 341 页。

从学者到斗士

——吴晗在昆明

吴 晗

作为中国现代明史研究的开拓者和奠基者之一，吴晗在明史研究领域取得过丰硕的成果。他早期的论著《胡惟庸党案考》《明成祖生母考》等都堪称经典之作；他数易其稿的《朱元璋传》，在史学界也有重要影响。而这些重要的学术著作，都是他在昆明的几年中完成的。与此同时，在昆明这块热土上，吴晗走出书斋，走向社会，思想开始觉醒，勇敢地批判和否定过去，完成了从学者到斗士的转变，最终成为一位走在时代前列的爱国民主人士。

一、胡适的"门外弟子"

吴晗于1909年8月11日出生于浙江义乌，原名吴春晗，字伯辰。其父吴滨珏，秀才出身，家教颇严。吴晗自幼勤奋、酷爱读书，尤其喜看古典小说和历史书。他聪颖过人，读书神速，能过目成诵，有"蛀书虫"之谐称。他12岁时到金华读中学，开始读《御批通鉴》，这是他研究历史的启蒙教材。1925年，吴晗中学毕业，因家道中落，遂在本村小学教书，赚取一点工资贴补家用。1927年秋，吴晗考入杭州之江大学。一年后该校停办，他又前往上海，考入中国公学，并从此与胡适结下不解之缘——胡适当时是该校校长。吴晗选听了胡适开的"中国文化史"课，对胡适十分崇拜。胡适提倡"科学救国"，他的治学之道，如埋头读古书，搞考证采取大胆假设、小心求证的方法等，对吴晗都产生了影响。吴晗不但学习勤奋刻苦，还写了一篇《西汉的经济状况》的文章，引起了胡适的注意，并大加赞赏。

1930年夏，吴晗来到北平，经顾颉刚介绍，在燕京大学图书馆当馆员，并利用工作之便，读了很多书。此期间，他写了一篇三四万字的《胡应麟年谱》，并将其寄给胡适，向胡适讨教。胡适第二天即给吴晗回信，对其作品大加赞赏，并约吴晗"星期有暇请来谈"。从此，吴晗成了胡适的"弟子"。当时胡适已来到北大，而吴晗却未能进入北大，原因是他偏科严重；入学考试需考文史、英文和数学三科，他的文史、英语均得满分，而数学竟然考了零分，按北大规定，有一门零分不得录取。随后他改投清华，得到同样成绩，但清华网开一面，以文史成绩特别优异为由，破格录取了他，成为史学系二年级插班生。吴晗进入清华时，家道基本败落。胡适对这位弟子青睐有加，他在吴晗录取后没几天，即给清华代理校长翁文灏和教务长张子高写信说："此人家境甚贫，本想半工半读，但他在清华无熟人，恐难急切得一个工读机会。他若没有工作的机会，就不能入学了。我劝他决定入学，并许他代求两兄帮忙。此事倘蒙两兄大力相助，我真感激不尽。"此外，胡适还附上了吴晗的《胡应麟年谱》。就这样，吴晗不仅取得工读生的位子，而且还得到清华大学史学系主任蒋廷黼的垂青；蒋读了吴晗的《胡应麟年谱》后，建议吴晗专攻明史。这一切都使吴晗感激不已。

吴晗虽然是清华学子，全面师法的却是胡适这位北大先生的治学方法。胡适在给吴晗的信件中，对这位"门外弟子"进行了多方面的指导："治明史不是要你做一部新明史，只是要你训练自己作一个能整理明代资料的学者。"对此，吴晗表示："光耀所及，四面八方都是坦途。"可见胡适对他影响之深。

遵循胡适的指导，吴晗在学习期间写下了40多篇文章，其中《胡惟庸党案考》《〈金瓶梅〉的著作时代及其社会背景》《明代之农民》等文，其中真正下了功夫的是他的考证文章。他的考证文章一般都较有说服力，受到当时史学界一些名家的称赞。1934年夏，吴晗以优异成绩从清华大学历史系毕业，留校任助教，讲授"明史""明代社会"两门课。

吴晗毕业时，在自己的毕业照上写下了胡适的名言："大胆的假设，小心的求证；少说些空话，多读些好书。——录胡适先生语。"

二、云南大学任教三年

1937年7月，熊庆来受聘出任云南大学校长。为了办好云大，熊校长到平、津、沪、宁（南京）等地的著名大学借聘知名学者、教授到云大任教。吴晗也在受聘之列，当时他大学毕业不过3年，年纪也只有29岁，但已在史学界崭露头角。一是出于个人友情；二是国难当头，为个人计，同时也为国家的前途着想，吴晗欣然应聘，于1937年9月离开生活了8年的北平，辗转香港、越南海防，经滇越铁路来到昆明。熊校长非常器重这位毕业于清华大学的青年学者，聘他为教授，让他讲授明史课，吴晗成为云大最年轻的教授；在生活上也考虑得很周到，一来后就安排他住在翠湖边的云大教授宿舍。

吴晗对昆明的印象非常好，第二年便先后把母亲、弟妹以及未婚妻袁震都接来昆明。因房子不够住，吴晗就四处寻找，结果看中护国门内白果巷4号一个独立院落，便租了下来。这个院落比较宽敞，共有10来间房屋，吴晗一家8口住在楼下及厢房，楼上则腾出来专门接待过往朋友。吴晗十分好客，乐于助人，顾颉刚、张荫麟等好友都先后在此处寄居过一段时间。

同事和朋友们还经常聚集在吴晗家里谈论时局，讨论学术问题。这些活动，吴晗总是热情支持，积极参加，所以他的寓所被朋友们戏称为"陋巷小沙龙"。

从1937年夏到1940年夏，吴晗一直在云南大学文史系担任教授。在这3年中，他认真地备课授课，从不告假；著书撰文始终坚持不懈。他以其渊博的学识、诲人不倦的教风，影响和教育着云南大学的学生。他对学生说，治学要先打好基础，博而后能专；要做到三勤——勤读、勤抄、勤写；要不断地给自己提出问题，并根据问题不断深入到史料中去，不假思索、不去发现问题的读书是白读的，念过了随着也就忘了。他还把自己多年来搜集装订成册的论文集借给学生阅读，向他们传授写作论文的经验。吴晗在云南大学任教的时间虽不算长，但他在教学中把自己多年做学问的心得和经验毫无保留地交给了学生，为国家培育了一大批品学兼优的人才，促进了云南史学研究的发展，也为云南大学的发展做出了贡献。

与此同时，在时局动荡不安、教务繁忙、条件艰苦的情况下，吴晗仍然坚持不懈地进行学术研究。他利用课余时间，写出了《明代之粮长及其他》《投下考》《记〈明实录〉》《明代汉族之发展》等具有独特见解的学术论文，协助好友张荫麟完成了《中国史纲》第一辑的定稿工作，还开始了《朱元璋传》的撰稿。1939年，随着原北平史学研究会的张荫麟、罗尔纲、孙毓棠等成员大都来到了昆明，史学研究会也恢复了活动，并且为昆明《中央日报》开设过一个学术性的专栏——《史学》，吴晗常以"燕啸"为笔名为该专栏撰稿。

这段时间，吴晗的生活是忙碌而艰辛的。他虽然拿着教授的薪水，但一大家人要靠他供养，还要供弟妹上学读书，要为未婚妻袁震治病（骨结核），再加上通货膨胀、物价上涨，所以日子过得很拮据。他母亲不仅年纪大，而且不懂昆明话，所以很大一部分家务都落在吴晗头上。加上时局紧张，来昆的朋友日益增多，他经常为朋友的吃住和工作忙碌奔波，有时连饭都顾不上吃。但他依然毫无愁色，爽朗乐观，谈笑风生。1938年9月，日本飞机开始空袭昆明，市区多次遭到轰炸；敌机一来，市民就要跑出去"躲警报"。吴晗居住的白果巷位于市区中心，很不安全，但袁震因病不便行动，老母亲也步履维艰，根本无法"跑警报"。每次空袭，吴晗都只好陪着两位女眷闭目静坐，置生死于度外。到后来，空袭更厉害了，市民们都纷纷疏散到了乡下。吴晗在朋友们的帮助下，在昆明东北郊落索坡找到一处房子，才搬去住了一年多，并且在这里与袁震结了婚。

三、"我不过问政治，政治来过问我了"

1938 年 5 月，北大、清华、南开 3 校从长沙迁来昆明，联合组建了国立西南联合大学。这使吴晗既感到意外也感到欣喜，因为这样一来，他便得以与许多故旧在昆重逢，朝夕相聚，切磋和研究学问了。1939 年底，西南联大有意邀吴晗加盟，而他本人也觉得自己回联大（清华）更能发挥作用，于是向云大提出辞聘。熊庆来校长通情达理，善解人意，遂忍痛割爱，同意让吴晗去联大工作。

1940 年夏，吴晗转到联大不久，即遵照校方安排，与李广田等 10 余位教授一起，前往四川叙永担任联大叙永分校的中国通史课的教学任务。他让弟弟陪母亲返回义乌老家，自己则同袁震前往叙永。当时校方发的旅费只够坐长途汽车，而袁震因身体不好，不能坐汽车，只能乘飞机。为了凑够机票钱，他们退了房子，卖光了所有的家具，住了半个月旅馆，天天到航空公司催问，还天天"跑警报"。到了叙永后，袁震又病倒了，治病需要不少钱，搞得几乎倾家荡产。一年后，联大叙永分校撤销，派去的教授们又返回了昆明。回到昆明后，无法还债的吴晗，只好把在云南几年来收集的上千册书籍和拓片，全部卖给了清华大学。即便如此，仍然难解燃眉之急。除了妻子的旧病复发，接着家乡也沦陷了，老母弱妹的衣物荡然无存，无以为生；而物价天天在涨，实在难以维持下去了。

幸好天无绝人之路。他的一个朋友林同济从重庆来到昆明，约他写一本《明太祖》，稿酬为 1 万元，可以预支 3000 元，交稿后再付清。困境中的吴晗立刻签了这份约稿，先拿了 3000 元，给家里寄去了 2000 元，1000 元作为妻子的医药费。他花了两个多月的时间，利用上课和做家务的空闲，写成了《明太祖》一书（新中国成立后增补为《朱元璋传》）。但是，出书的结果却让他很不满，原来出版社不讲信用，将他的一本书分作两本书来出版，即《明太祖》与《从僧钵到皇权》，两本书的内容基本相同，而且连原稿也从此无下落。为表达不满，他专门撰文披露此事，并在文中说："我诅咒这本小书，也诅咒我自己。"

吴晗在联大讲的中国通史，是文法学院一年级学生的必修课。他并不完全按时间、朝代顺序的讲法，除各个历史时期外，还有兵役制度、刑法制度、土地制度、科举制度等专讲，成为自成体系的通史课，深得青年学生喜爱。听过他课的学生后来回忆说，吴晗讲课时，"史实的叙述侧重在每个制度形成发展和失败的原因，常提到农民的痛苦生活和暴动反抗。他很少说到帝王的事迹，对李自成、岳飞、文天祥和王安石给了很高的评价。黑板上的字迹很挺拔，讲课的声音宏大而急促"。至于讲各种制度，也都是从古到今，分析各个朝代实行这些制度的得失，带有一定的批判性。当讲到近现代，尤其是讲到"抗战救国"时，他总是慷慨激昂，大谈全民抗战，不当亡国奴。吴晗在回忆这段时间的思想变化时说："对蒋介石政权已由不满发展到痛恨了，讲历史一抓到题目就指桑骂槐，也开始参加一些政治性的社会活动，走出书房，进入社会了。"

1941 年 12 月日军占领香港之后，国民党正面战场节节失利与败退，国民政府极端腐败无能，横征暴敛；广大人民生活日趋贫困，饥寒交迫。即使是大学教授，一个月的薪水也只敷十天半月之用，一些教授不得不到处兼课或兼以副业维持生计。这一切都深深刺激着吴晗。后来，他在一份《自传》里是这样说的：

从 1937 年到 1940 年，我还是和在清华时一样，埋头做学问，不过问政治，1940 年以后，政治来过问我了。

我的老家母亲弟妹侄儿六七口人都到了昆明……人口多了，薪资却一天天减少了，法币日益贬值，生活日渐困难。加上日机轰炸，成天逃警报。前方尽是"转进"，越打越"转进"到腹地来了，四大家族发财成为风气，老百姓活不下去了，通货无限制的膨胀。昆明这个小城充斥了美货，蒋介石特务统治，民主自由的影子一点也没有。对外屈辱，对内屠杀。对蒋介石的不满日益加强，在文章里，在讲坛上，写的说的都是这些，因为没有政治斗争经验，但比较敏锐，和青年合得来，常在一起，我的思想有了转变。

四、加入民盟，投身爱国民主运动

当时的政治腐败，社会黑暗，生活艰辛，使吴晗的思想发生了变化，再加上好友张荫麟教授因肾病于 1942 年不治去世，更增加了吴晗对国民党当局的不满和仇恨，他逐渐开始走出书斋，走向社会。这一时期，他开始阅读联共（布）党史、列宁生平事业以及毛泽东的一些著作，阅读《新华日报》和《群众》杂志，这些著作和文章像一把把火炬照亮了他前进的道路，为他日后成为著名的左派教授、坚强的民主主义战士奠定了思想基础。

吴晗自己也写了许多杂文发表在云南的报刊上。如他在《云南日报》上发表的《论贪污》一文写道："贪污这一现象，假如我们肯细心翻读过去每一朝代的历史，不禁令人很痛心的发现'无代无之'，竟是与史实同寿！我们这时代，不应该再讳疾忌医了，更不应该蒙在鼓里自欺欺人了。"后他又写了《贪污史的一章》，针对明代官吏的贪污，加以剖析，指出贪污风气的形成，是由于社会环境和政治制度的不好，暗指国民党官员的贪污，也是社会环境、政治制度不好造成的。他 1944 年发表的《三百年前的历史教训》，对南明小朝廷的首脑人物逐个加以批判和揭露，以此提醒人们"历史是面镜子"，要用 300 年前的这面镜子，来照照国民政府今天的统治。抗战爆发后，孔祥熙带着全家从香港乘本来是去接文化界人士的飞机逃到重庆，甚至连家里的狗也带上，却置众教授学者于不顾；吴晗在课堂上把孔祥熙讽刺为"飞狗院长"，说"南宋亡国时有个蟋蟀宰相，今天有个飞狗院长"。这个比喻很快就在昆明师生中传开了。

1943 年，中共先后派周新民、华岗来滇，做争取云南地方实力人物龙云以及知识分子的工作，以建立党的统一战线，共同开展同国民党反动派的斗争。为了团结知识分子，把他们吸收到抗日统一战线中来，华岗出面成立了西南文化研究会，吸引了一批教授、学者参加进来。研究会设于北门街唐家花园，每月活动两次，指定专人作学术报告或时事报告，然后展开讨论，各抒己见，畅所欲言。吴晗和罗隆基、潘光旦、楚图南、闻一多、冯素陶、尚钺、辛志超、曾昭抡等都是研究会的积极参加者。

1943 年 7 月，吴晗经周新民、潘光旦介绍，正式加入了中国民主政团同盟，开始接受中国共产党的思想，参加反对国民党独裁和争取民主的运动。对此，吴晗在他的《自传》中说："袁震的同乡和同学李文宜（中共党员）来看我们，她的爱人周新民（中共党员）常和我们来往。他讲了许多过去不知道的道理，并介绍我见华岗同志，我第一次知道统一战线这件事。结果，我在 1943 年参加了中国民主同盟，不久就被选为民盟中委，直接在党的领导下工作了。"吴晗加入民盟后，又先后介绍了闻一多、闻家驷、夏康农等人入盟。

1944 年 10 月，民盟昆明支部改为民盟云南省支部，选举罗隆基为主任委员，周新民、费孝通、吴晗等 8 人为委员；委员们都分了工，吴晗负责青年工作。此后很长一段时间，中共地下党通过民盟与各大中学校的进步学生都建立了联系，吴晗实际上成了学生爱国民主运动的领导者之一。费孝通后来回忆说："他（吴晗）本身是个知识分子，而且是个知名的教授，长期生活在知识分子之中，熟悉周围的人和事，同大家有共同语言，便于利用师生关系、朋友关系联系各种类型的群众，传达贯彻党的意图和方针政策，也能及时地把知识分子的思想、生活、感情的发展变化及时汇报给党，供制定战略策略的依据。"

加入民盟后的吴晗，成了昆明民主爱国运动的积极参加者和重要组织者，以西南联大和云南大学师生为骨干组织了一系列演讲会、报告会。吴晗和闻一多、李公朴、楚图南、罗隆基等人往往是这些集会上的主讲人。如在1944年纪念五四运动的集会上，吴晗作了一个慷慨激昂的演讲，分析了五四时代和当前的情形，指出："五四运动为的是要打破一个牢笼，打破一种束缚，那种束缚是打破了。然而在今天我们又面对着一种新的牢笼与束缚。"在1945年纪念五四运动的大会上，吴晗不仅发表了"论五四运动"的演讲，而且还参加了第二天的示威游行，与闻一多等人和青年学生手挽手地走在队伍的最前列。此外，吴晗还是民盟云南省委机关刊物《民主周刊》的主编，并且指导创办了《时代评论》《渝风》等刊物，在这些刊物上发表了许多如匕首投枪般的杂文。

1944年底，昆明一批进步青年酝酿要成立一个青年组织，一开始他们想取名为"社会主义青年同志会"，来找吴晗和闻一多征求意见。吴、闻两人商量后认为，为了避免引起反动派的注意，名称不宜颜色太红，后来这些年轻人决定取名为"民主青年同盟"，吴、闻知道后说："民主青年同盟这个名称很好，颜色不红，又便于和民盟配合工作。"1945年2月，民主青年同盟（民青）正式成立，吴晗作为民盟云南支部的分管青年工作的委员，负责联系民青。从此，民青成了一个由中共和民盟共同领导的组织，在云南的爱国民主运动和解放斗争中发挥了重要作用，吴晗为民青的建立和发展做出了重要贡献。

至此，吴晗已从一名历史学家变身为社会活动家，在中共党组织和民盟的领导和支持下，积极投身各种反蒋爱国活动，对反动派的批判越来越激烈，完全背离了胡适所倡导的"读书救国"的道路。然而，自此以后，吴晗也再未能写出一部有分量的史学著作了。

五、"猛虎"和"怒狮"

"猛虎"和"怒狮"是当年在昆明民主运动中，进步师生们对两位民主斗士的赞誉，"怒狮"指时代鼓手闻一多，"猛虎"指民主炮手吴晗。闻、吴两人都是清华学子，但年龄相差10岁，闻一多算是学长；两人的专业也不同：一个主修文学，一个专攻历史。抗日战争期间，两人都是西南联大的著名教授，闻一多任教于中国文学系，吴晗任教于历史学系，爱国民主运动使两人走到了一起。

由于闻一多的名气大，各个党派都想拉他，民盟同样也希望他能加入民盟。对于是否加入民盟，闻一多起先是有过犹豫的，正如他对朋友说的那样："以前我们知识分子都多少带着洁癖，不过问政治。"为此，他曾拒绝了孙毓棠邀他加入国民党的请求。1944年秋的一个晚上，吴晗受民盟组织的委托，来到闻一多住的昆华中学家中，与他聊天长谈，两人谈得非常投机，吴晗趁机邀约闻一多加入民盟。闻一多经过几天认真思考，表示同意参加，并说了一段十分感人的话："国事危急，好比一幢房子失了火，只要是来救火的，不管什么人都是一样，都可以共事。"不久，闻一多就正式加入了民盟。

闻一多加入民盟后，很快就与吴晗成为了并肩战斗的战友、亲密无间的同志，许多事情都是两人一同去完成的，两人甚至相约"将来一同加入中国共产党，待民主实现后，又一同回到书斋去好好读书搞研究"。后来，闻、吴两家又住到联大宿舍的同一个院子里，两人有什么活动都是同进同出，形影不离。闻立雕在《我的父亲闻一多》一书中这样描述当时的情景："不是这边喊一声'春晗，走吧'，就是那边'多公，时间到了'。那时候进步同学召开的集会，他们两人几乎每会必到，到了必然两人都发表演说，演说必然猛烈抨击当时的专制腐败。一个热情洋溢，声如狮吼；一个火力十足，猛如虎啸。起草宣言、声明一类文稿，吴晗拟稿，父亲润色。在民盟的工作，两人都是支部委员，一个负责宣传，一个负责青年，且都是民盟与民青（民主青年同盟）的联系人。"两人不仅在工作上配合得如此之好，思想与行动上完全一致，而且两家人的关系也十分融洽。闻一多家人口多经济拮据，吴晗总是要设法给予接济；吴晗的妻子体弱多病，闻一多一家也总是热心帮助照料。

闻一多善治印，也善书法。他为吴晗刻了两方印章，阴文阳文各一枚，阳文牙章旁边的文字是"卅五年四月制时与吴晗同寓于昆明海子边之西仓坡，一多"。吴晗多年来一直珍藏和使用这枚印章。闻一多还用篆书为吴晗写了一幅横幅为"鸟兽不可与同群，吾非斯人之徒与而谁与"，落款为"甲申岁除书为辰伯兄补壁，一多"。这句话出自《论语》，其意思是：我们既然不同鸟兽合群共处，如果不同人群交往又同谁去交往呢？吴晗也非常喜爱这幅横幅，不但将其挂在家里的醒目处，而且后来多年一直带在身边。这都说明了两人的交情深厚，志趣相投。

1946 年春，西南联大解散，北大、清华、南开北返后，吴晗与闻一多、李公朴、潘光旦等民盟骨干仍留在昆明，继续带领进步青年战斗在爱国民主运动的最前沿。国民党反动派因此对他们十分仇恨，造谣说民盟的领导人已被苏联人收买，拿着卢布为共产党做宣传；特务们把吴晗称为"吴晗诺夫"，称闻一多为"闻一多夫"，罗隆基被称为"罗隆斯基"。他们几人都成了国民党反动派的眼中钉、肉中刺，必欲除之而后快。国民党反动派将他们列入了要暗杀的黑名单中，据说在李公朴、闻一多之后的第三人就是吴晗。

而此时吴晗因为妻子袁震病重，急需手术治疗，便于 1946 年 5 月 7 日乘飞机离开昆明前往重庆，6 月初转至上海为袁震治病。吴晗到重庆后给闻一多写了信，没有回信；到上海后再写信，仍没有回信；后来却在 7 月 17 日的报纸上看到闻一多于 7 月 15 日在昆明被特务杀害的消息。吴晗悲痛欲绝，他说："在今晨看到报上消息的时候，目瞪口呆，欲哭无泪，昏沉了大半天，才能哭出声来。"在随后的几天里，他连续写了几篇痛悼亡友的文章

《哭一多父子》《哭一多》《哭亡友闻一多先生》《闻一多先生之死》。他写道："是诗人，是学者，是民主斗士的闻一多先生被法西斯暴徒有计划的有预谋的狙击殒命了……"

今天，在清华大学校园内，有闻一多、吴晗和朱自清的三座石刻雕像，以及三个富有民族风格的亭子：一座是工字厅后水池旁的闻亭，一座是近春园荷花池旁的晗亭，一座是水木清华荷花池畔的自清亭。这三座石雕像和水边的三个亭子，饱含着清华学子对三位前辈老师的缅怀崇敬之心，也代表着中国人民对三位先贤的怀念仰慕之情。

主要参考资料：

1. 苏双碧、王宏志：《吴晗传》，上海人民出版社，1998 年版。

2. 刘兴育编著：《云南第一学府：从东陆大学到云南大学》，云南教育出版社，2013 年版。

3. 何斯民：《吴晗先生在云南》，《学术探索》2006 年第 1 期。

4. 闻立树：《"怒狮"闻一多和"猛虎"吴晗的战友深情》，《党史博览》2010 年第 8 期。

5. 洪德铭：《风雨同舟情兼师友——忆闻一多、吴晗和昆明学生运动》，《红岩春秋》1994 年第 6 期。

（肖宪）

不畏艰险 屡建功勋

——记民盟先贤周新民

周新民

在中国民主同盟的历史上，周新民是一位很重要的人物。他不仅是民盟最早的盟员之一，而且是带着中国共产党党员身份加入民盟的。新中国成立后，他又长期以民盟盟员的身份为中国共产党工作，参加各种活动，被誉为"鞠躬尽瘁的统战功臣"和"无名英雄"。周新民不仅是一名社会活动家，还是一位学有专攻的法律学者，为中国的法学研究和法制建设做出了重要的贡献。此外，周新民与云南民盟、云南大学也有深厚的渊源关系。

一、早年的活动

周新民（1897—1979 年），原名周骏，别名振飞，安徽省庐江县大化乡陡岗村人。他早年在乡下私塾学习，虽启蒙较晚，但由于学习勤奋、刻苦，

1918 年考入安徽省立法政专科学校，专攻法律。1919 年，北京爆发了震动全国的五四革命运动，在当时的安庆，以安徽省立法政专科学校为主的学生们纷纷响应声援北京学生，周新民亦积极投身这场反帝反封建的学生运动，并被推选为安徽学生联合会副会长。在此期间，周新民还组织和参加驱逐反动校长的斗争，迫使当局改任进步人士为法政专科学校校长。他还参加和领导过反对省议员受贿和贿选的活动，发动学生调查贿选舞弊的详细情况，搜集大量不法证据，通过法律程序向当地法院起诉，最终推翻了贿选的第三届省议会。1921 年，周新民加入了中国国民党。

1922 年冬，周新民前往日本留学，进入东京明治大学攻读法学。1923 年初，他加入"中国留日学生总会"，因在东京参加留日学生为收回旅大的示威游行，曾被日本警方逮捕。1924 年冬，周新民从日本归国，在母校——安徽省立法政专科学校任教；1925 年，他担任了国民党安庆市党部常务委员；国民党"二大"以后，他又担任了安徽省临时党部常务委员、书记长。第一次国共合作时期，周新民积极执行"联俄、联共、扶助农工"三大政策，为安徽的大革命运动做出贡献。1926 年 7 月，国民革命军兴师北伐，周新民曾随同安徽宣慰使常恒芳到太湖策动军阀陈雷起义，响应北伐军，并取得了成功。

与此同时，周新民看到国民党右翼势力反对国共合作，对进步组织及个人加以迫害，对此非常不满和气愤。1926 年 9 月，周新民在上海经高语罕、朱蕴山介绍加入了中国共产党。

1927 年 2 月，周新民受国民党左派派遣回到安庆，并准备召开国民党安徽省第一次代表大会。1927 年 3 月，蒋介石由九江来到安庆，周新民出席了欢迎会。蒋介石在即席讲话中，散布了一些同北洋军阀妥协的言论，周新民在会上以致答词方式，据理予以驳斥，他说："合作是有限的，我们不能与流氓、政客同流合污，国民革命对外要打倒列强，对内要铲除军阀，我们决不能与军阀妥协。"他的讲话得到在场者的赞同，全场鼓掌。而蒋介石却勃然色变，未终席即拂袖而去，周新民也因此遭到蒋介石的通缉。

1927年4月，安徽国民党左派第一次省代表大会在武汉闭幕，正式成立安徽省党部，周新民被选为常委兼秘书长。这年7月，北伐大革命失败，蒋介石大肆杀害中国共产党党员和国民党左派，周新民被迫转入地下，在庐江、桐城等地活动。

1929年秋，周新民来到上海，先后在复旦大学、法政学院等几个大学教授法学课程，并参加了左翼社联活动。1935年，北京"一二·九"爱国运动爆发后，周新民积极参加抗日救亡运动，参加了上海救国联合会，后又与李公朴、沈钧儒等发起成立了"全国各界救国联合会"。1937年抗战爆发后，周新民遵照八路军驻武汉办事处、中共中央代表董必武的指示，到大别山区开展抗日工作，联络朱蕴山、章乃器等著名人士在六安成立了"第五战区安徽民众总动员委员会"，李宗仁任主任委员，周新民任组织部副部长兼总干事。他利用"动委会"开办干部训练班，开展抗日教育，培养革命青年，为新四军等抗日队伍输送了大批干部。

二、加入民盟及在昆明的活动

皖南事变后，国民党顽固派在安徽大肆捕杀中共党员和进步青年，周新民奉董必武指示，利用第五战区经济委员会委员的公开身份，动员尚未撤退的党员和进步青年尽快转移到新四军抗日根据地，避免了不必要的牺牲。1942年，周新民按照中共长江局领导人董必武的指示，来到重庆，以"救国会"成员的关系加入了中国民主政团同盟。从此，他就一直在民盟中工作，为执行中国共产党的统一战线方针政策，加强中共与民盟的合作奋斗奉献了毕生的力量。

当时董必武嘱咐周新民，要他"保持灰色"。所谓"保持灰色"，就是不暴露中共党员的真实身份，以便长期坚持地下革命活动。确实，周新民的身份一直在变化，使人难以捉摸：他有时是政府官员，有时是大学教授，有时又是平民百姓；有人认为他是国民党的人，有人认为他是救国会的人，有人说他是民盟的人，也有人说他是共产党的人。其实，他的真实身份就是共产党员兼民盟盟员。

抗战期间，昆明是文人、学者荟萃之地，是大后方的重要文化中心和民主堡垒。1942年12月，周新民根据周恩来、董必武的指示，从重庆来到云南昆明，开展争取知识分子的工作，同时参与筹建民盟昆明支部。同周新民一起前来昆明的还有他的助手、中共党员李文宜，李文宜后来也在昆明加入了民盟。周新民初到昆明时的身份是应褚辅成之邀，来担任"国民参政会宪政期成会云南办事处"秘书，褚辅成是办事处的主任。因周新民与潘大逵早先都是上海在各学校救国会的负责人，先来昆明的潘大逵便介绍周新民与云南大学法律系主任王伯琦相识；后经王伯琦推荐，云南大学聘请周新民为法律系教授。因此，周新民得以进入云南大学，以云大教授的公开身份开展爱国民主运动。

从1943年到1946年春，周新民在云南昆明工作了3年时间，其后又数次来过昆明。他在昆明从事革命活动的同时，也为云南大学的法律教学和法学研究做出了很大的努力，为当时国立云南大学水平的提高和快速的发展做出了贡献。

这一时期，周新民在昆明参加过两个值得一提的活动，一个是参加了李公朴等人组织的九老会，另一个是西南文化研究会。九老会一开始是由李公朴、郑一斋、孙起孟、楚图南、冯素陶、艾志诚、张天放、杨春洲等民主进步人士以聚餐会形式开展的聚会，后来还有其他友人参加，有时还专门邀请有关人士参加。当时这9个人的年纪并不老，性格开朗、喜欢开玩笑的李公朴把这种聚会戏称为九老会。大家在一起交流思想，议论形势，九老会其实也是对这种民主进步人士集会的掩护。

1943年春夏之交，中共南方局的代表华岗（化名林少侯）也来到昆明，开展抗日民族统一战线工作。经楚图南向云南大学校长熊庆来推荐，华岗被聘任为云南大学社会学系教授。在华岗的提议和帮助下，在昆明成立了西南文化研究会，主要成员有华岗、罗隆基、曾昭抡、楚图南、费孝通、闻一多、吴晗、周新民、潘光旦、李文宜、尚钺、冯素陶等人；其中，华岗、周新民、李文宜、楚图南都是中共党员。研究会是一个不公开的学术团体，每周集会一次，由一人作报告，内容主要是学术和政治，然后大家一起讨论。研究会实际上成了中共领导下的昆明知识界学习理论、讨论时局、提高认识的一个场所。

经过几个月的筹备，1943 年 5 月，中国民主政团同盟的第一个地方组织——民盟昆明支部正式建立，罗隆基任主任委员，潘光旦、周新民、潘大逵、唐筱蓂任支部委员，周新民负责组织工作。民盟昆明支部的成立，周新民在其中功不可没。它同时也是民盟历史上的一件大事，开创了民盟建立地方组织的先例，对民盟的发展壮大有重要意义。在周新民等人的努力下，民盟在昆明积极发展新成员，云南大学和西南联大的一大批知名教授都先后加入了民盟，使民盟在知识分子中的声望大为提高。

1944 年 9 月，中国民主政团同盟改名为"中国民主同盟"，昆明支部也改为"中国民主同盟云南省支部"，罗隆基任主委，周新民仍担任组织委员。1944 年 12 月，周新民协同罗隆基、潘光旦、闻一多等人创办了民盟云南省支部的机关刊物——《民主周刊》。1945 年 1 月，周新民到重庆参加中国民主同盟第一次代表大会，并当选为中央委员。这年 10 月，他被派到国民参政会经济建设策进会滇黔区办事处任秘书。年底，他还在昆明经历了"一二·一"爱国民主运动，并以云大教授的身份在《罢课宣言》上签了名。1946 年春，周新民奉调到重庆民盟总部，担任秘书处副主任，不久后又随民盟总部迁往南京，从此离开了昆明。

三、赴昆明调查李闻惨案

1946 年 7 月，李公朴、闻一多先生在昆明被国民党特务暗杀，在国内外引起公愤。但国民党当局却散布谣言，制造烟雾，极力掩盖事件真相。民盟中央除向国民党当局提出严重抗议外，又派出周新民和梁漱溟赴昆明调查真相。尽管环境险恶，困难重重，周、梁两人仍不辱使命，在社会各界人士的帮助下，突破障碍，搜集证据，写出了《李闻案调查报告书》，将惨案真相公之于世，揭露了国民党反动派的卑劣行径。以下是周新民自己对此次调查行动的回忆：

　　我们到昆明后，国民党当局对我们采取冷淡和孤立的策略。延至8月9日，顾祝同（国民党陆军总司令，当时也受命前来昆明调查李闻惨案）始同我们见面，劈头就问我："你是否在大别山搞过？"我答以曾参加过大别山的抗日工作。顾祝同为什么要旧事重提呢？因为我从1938年春在大别山主持安徽省总动员会组织，在中共的领导下组成了52个县动委会、72个工作团（直属的42个、县属的30个），共有青年干部二三千人，国民党想尽方法夺取这个力量，终未达到目的，乃集中目标打击我，我于1939年6月被迫离开大别山。后来这批青年干部都去了新四军，国民党认为这是我"为共产党培养干部的罪行"，在重庆、巴东、老河口等处均控告我。因此，我和顾祝同初见时，他即提出这个问题，显系有意吓唬我。

　　我们到昆明后，首先代表民盟慰问李、闻两家烈属，并拜访楚图南、冯素陶、尚钺、潘大逵等，他们定于次日离昆，留冯素陶帮助我们。可是我们每次出去，均无交通工具，又有七八个特务跟着，弄得我们无法活动。后来我向梁漱溟建议说："这个政府对你好些，请你专门应付它，我来设法进行调查。"梁漱溟说："特务时时跟着你，你有什么方法去进行调查呢？"我说："我在昆明工作过三年，路线和人事都熟悉，特务虽然跟着我，我还可找机会去活动。"后来即照这样分工。我第一次单独去云大医院慰问闻夫人和她的儿子闻立鹤，有四个特务跟着我，但他们未进医院大门。我慰问闻夫人母子后，立即从医院后门走到云南大学，约集进步学生开会密谈，将搜集材料的线索和步骤安排好，并鼓励他们早日完成任务。会后我回到商务酒店，那四个特务还未回来，可能在医院大门外等着我。从此，我每天出去，常设法把特务丢在后面。

我们正在调查中，顾祝同和卢汉于8月13日约我们吃晚饭。饭后，顾祝同请梁漱溟至别室小谈，说李案凶犯未获，闻案15日可"公审"，请参加观审。他们所谓的"公审"，事实上就是假审判，所谓观审就是旁听。霍揆彰收买李文山、汤时亮为假凶犯，演习多日，始进行假"公审"。我们曾复函不同意这样办，但为彻底了解其丑恶，又不能不借观审去察看。在"公审"的时候，既无人证又无物证，只是法官和假凶犯一问一答，完全是在演滑稽的丑剧。我们观审完毕，立即去函提出种种疑问，认为完全是假审判。当时我们还怀疑他们将要演习假执行，果然，在我们离开昆明不久，宪兵第十三团于8月26日在昆明东站外三千米公路旁贴了布告，说要枪决闻案凶犯，但沿途戒备严密，在两小时内不许行人通过，使人无法看见被枪决者是谁。当时有人参与其内幕，亲往刑场观看两具替死鬼的尸首倒卧在地上，并非是"公审"堂上的李文山、汤时亮。这也和处决"一二·一"惨案的凶犯一样，证明了在国民党统治下真是"无事不弊"了。

经过十天的调查，材料多已到手，我整出两份，由梁漱溟和我各带一份。这时候忽接到一封密信说："你搜集的材料多靠不住，我在云南警备司令部工作，掌握了李、闻案的全部材料，你如能介绍我携眷赴延安或者给我3000万元，请你到某处面谈，我可将全部材料给你。"当时我同梁漱溟商议，认为其中一定有阴谋，故置之不理。在那样险恶的环境中，幸得云南大学进步学生大力帮助，才能搜集得各种证据，发表了《李闻案调查报告书》，向全中国、全世界正义人士控诉国民党的罪行。

四、在民盟转折的重要时期

1946—1947 年，是中国民主同盟从"第三条道路"向新民主主义革命转变的重要时期。当时，民盟主席张澜和秘书长梁漱溟等人都在重庆或者上海，周新民作为民盟副秘书长在南京的民盟总部主持日常工作，在这一重要的转折时期发挥了重要作用。

1946 年 6 月，国民党向解放区发动进攻，全面内战爆发。这年 10 月，国民党政府宣布将召开"国民大会"，共产党方面则表示坚决反对召开伪国大。民盟是否参加"国民大会"，当时成了各方关注的焦点。蒋介石用高官厚禄拉拢利诱，希望民盟能参加国大。周新民经电话请示在重庆的张澜主席后，紧急召集在南京的中委开会，做出了不参加"国民大会"的决议，并以民盟总部秘书处的名义登报发布"紧急通告"，反对国民党召开国大。尽管国民党后来仍然召开了大会，但由于共产党和民盟拒绝参加，所谓的"国民大会"成了一场闹剧。

国共谈判破裂后，1947 年 3 月，国民党当局强迫中共代表团从南京、上海、重庆撤离。中共代表团在返回延安前，登报声明将南京和上海等地的房屋财产委托民盟全权保管。民盟中央决定，分别由周新民和沈钧儒代表民盟接管中共在南京和上海两地的房产。3 月 7 日，周新民、罗隆基、李文宜等人前往梅园新村 30 号进行接收工作；董必武率中共代表团离开时，同周新民等人紧紧握手告别。而外人不知道的是，以民盟副秘书长身份前来接收中共房产的周新民，其实也是一位中共地下党员。

中共代表团离开后，1947 年 6 月，民盟总部迁入梅园新村 30 号办公。国民党特务也随之将监视的目标转移到周新民等人身上。国民党特务在昆明暗杀了李公朴、闻一多之后，诬称民盟要发动暴乱，又在西安杀害了民盟中常委杜斌丞，并在各地抓捕、迫害民盟成员，白色恐怖非常严重。民盟总部的不少人都被列入了国民党抓捕和暗杀的黑名单，周新民为处理民盟工作，时常往返于南京和上海之间，处境十分危险。10 月 26 日，国民党当局宣布民盟为"非法组织"，民盟总部和上海办事处被迫关闭。在张澜主席的关心和安排下，周新民冒险离开南京，去到了上海，后又去到了香港。

1948 年 1 月，周新民在香港协助沈钧儒、章伯钧召开了民盟一届三中全会，宣布恢复民盟的领导机构，公开声明与中国共产党合作，并号召全体盟员"更坚强地站起来，为彻底摧毁南京反动独裁政府，为彻底实现民主、和平、独立、统一的新中国而奋斗"。此次会议以后，周新民任民盟中央委员兼民盟总部秘书处代理主任。在香港期间，他还在达德学院担任法学教授。

五、为新中国继续奋斗

1949 年春，周新民担任了民盟中央常务委员，先后兼任民盟总部秘书处代理主任、组织委员会主任。3 月，他随民盟总部由香港迁到北平，并作为民盟代表被推选为新政协的筹备委员会委员兼副秘书长，参加起草中国人民政治协商会议组织法和会议的各项筹备工作。同年 9 月，周新民又以民盟代表身份成为中国人民政治协商会议第一届委员，参加了成立中华人民共和国的工作。

新中国成立后，周新民一直在北京工作，先后担任中央人民政府办公厅副主任，最高人民检察署秘书长，辽宁省沈阳市副市长，全国政协副秘书长，中国社会科学院法学研究所副所长，以及中国民主同盟中央常委兼文教科技委员会副主任、组织部长；他是第一、二届全国人大代表，第二至五届全国政协委员和全国政协副秘书长、全国人大法案委员会委员。

周新民不仅是中国共产党统一战线政策的忠实执行者，中国民主同盟的重要领导人之一，而且也是一位著名的法学理论家，我国社会主义法制建设的先驱。他长期从事法学教育和法学研究，参加国家的有关立法工作，主持撰写了多部法学著作，如《法学基础》《民法概论》《民事诉讼法》

《债权》《物权》等，并发表过多篇学术论文，在法学界享有"保护法律的勇士"的赞誉。在20世纪50年代，他就曾发表文章指出，"不论是国家机关的领导人员，还是机关的一般干部，都有遵守宪法和法律的义务"，"必须人人切实履行"。

周新民在"文化大革命"中受到冲击和迫害，致使大脑受到损伤，后来逐渐丧失了记忆。1979年10月，周新民在北京逝世，享年82岁。

周新民去世后，民盟中央副主席叶笃义一次曾对其亲属说："解放前的革命斗争错综复杂、曲折多变，当时民盟的工作能够跟上时代的步伐，没有迷失政治方向，主要是因为有周新民同志在民盟总部的领导层主持工作，和中共保持着密切的联系，可以随时得到中共的指导和帮助。周新民同志是遵照党的指示为民盟工作的，可以说为民盟工作鞠躬尽瘁、耗尽心血。我们民盟的老同志都以崇敬心情怀念新老。"

1987年，在周新民诞辰90周年的纪念会上，中共中央统战部部长阎明复在讲话中称赞他是"坚强的共产主义战士"，说他"甘做无名英雄"，并用一副挽联总结了他的一生：

> 坚持进步，能以遵循党的指示干工作，不畏艰险；
>
> 平易近人，善于联系各方人士闹革命，屡建功勋。

主要参考资料：

1. 周新民：《民盟在民主革命中的艰苦斗争》（1964年），载全国政协文史资料委员会编《文史资料选辑》（第150辑），2002年。

2. 张巨成：《中国民主同盟在云南（1941—1945年）》，《思想战线》1994年第6期。

3. 黄伟：《周新民在民盟的转折关头》，《百年潮》2004年第8期。

4. 周季青：《怀念大哥周新民》，《江淮文史》1997年第4期。

5. 《周新民：鞠躬尽瘁的统战功臣》，载朱守良主编《皖江近现代高等教育人物研究》，合肥工业大学出版社，2006 年版。

6. 民盟云南省委编：《云南民盟史》，群言出版社，2020 年版。

（肖宪、刘学军）

甘洒热血谱新篇

—— 潘大逵在昆明纪事

潘大逵

一

　　潘大逵（1902—1991 年）是四川省开县人，1924 年毕业于清华学校，1925—1930 年赴美留学，在美国威斯康星大学完成学位论文《1911 年以来中国宪法之制订》后，获得法学硕士学位。他 1930 年回国，任上海法学院教授，先后完成《欧美各国宪法史》（1931 年）、《中国宪法史纲要》（1933 年）两部著作。"九一八事变"后，他积极投入抗日救亡运动，与沈钧儒等人发起成立了"上海大学教授救国会"，担任常务理事。1936 年国民党当局以莫须有的罪名，逮捕了"救国会"的沈钧儒、邹韬奋、李公朴等"七君子"，潘大逵参加了宋庆龄、何香凝、胡愈之等 16 人签名发起"救国入狱运动"，营救"七君子"出狱。抗日战争爆发后，他于 1938 年回到成都，在四川大学、朝阳学院、光华大学等校任教授。在校期间，他利用教学之便，向师生宣传抗日民主思想，课余参加各种座谈会和讲座，并发表文章，针砭时弊，深为顽固派所仇视。他于1941年离开成都，就聘于江西中正大学政治系教授，但后又因积极宣传抗日、反对分裂、反对内战的救国主张而遭解聘。

1942年，潘大逵应云南大学政治系主任朱驭欧的邀请，担任了云大政治系的教授，主要承担"政治学概论"课程的讲授；这门课是当时云大文法学院各系必修的基础公共课程之一，同时他还讲授政治系高年级的"欧美政治思想史""比较宪法"等课程。潘大逵的教学态度严谨，学识丰富，上课准时，从不缺席迟到，讲课中真正做到了对问题条分缕析、深入浅出，深受同学们的欢迎。他在课外还接受同学们的邀请，参加各系的学习会和学生自治会举行的座谈会和讲座。在这些会上，他明确提出主张团结抗日，反对分裂妥协，主张民主宪政，反对独裁专政。潘大逵是非分明，臧否时政得失，很受青年学生的爱戴，在学生中有很大影响，这也为他开展爱国民主运动创造了一定的条件。

潘大逵是一位具有爱国热忱，富有正义感和民主进步思想的学者。他在回忆录中记录了当时昆明的情况：

> 当时的昆明，是我国对外的国际交通要道，市面呈现出虚假繁荣景象。由平津内迁的清华、北大、南开等校组成的西南联大和北平中法大学，均设在昆明。加上原在本地的云南大学、昆明师范、昆明工专，大专院校共有五所，师生万余，成为西南方面知识分子集中的重要地区之一。大家目睹敌寇深入，国难深重，而国民党军队士气低落，一溃千里；再加政治黑暗，经济萧条，四大家族犹搜刮不已，人民生计日益困苦，已快要活不下去了。知识分子思想敏锐，感受最为深切，对当局在国家民族危急存亡之秋，仍私心自用，不惜倒行逆施，无不非常反感，常发出一针

见血、痛加贬责的议论。

他是 1942 年底来到昆明的，在此前后，罗隆基和周新民也来到了昆明。罗隆基是成立不久的中国民主政团同盟的中央委员、宣传部长，受命来昆明筹建地方组织。周新民是中共地下党员，受党的委派以"国民参政会宪政期成会云南办事处"秘书的身份前来昆明。周新民到昆明后，经潘大逵介绍与云南大学法律系主任王伯琦相识。通过王伯琦的关系，周新民被聘为云大法律系教授。而罗隆基与前云南督军唐继尧之子唐筱蓂的关系甚为友好。通过这样的联系，他们几个人结合在一起，大家经常在唐宅聚会，就当前的时事及关心的问题进行讨论和交换意见。潘大逵和罗隆基提出"反对蒋介石独裁"的主张，深得大家拥护；经过多次聚会讨论，大家认为现在形势有利，在昆明开展爱国民主运动的时机已经成熟，决定尽快建立中国民主政团同盟的第一个地方组织——昆明支部；并决定先成立筹备小组，潘大逵与罗隆基、潘光旦、周新民、唐筱蓂均为筹备组成员，各自联系熟识的朋友。1943 年 5 月，民盟的第一个地方组织——昆明支部成立。罗隆基、潘光旦、周新民、潘大逵、唐筱蓂等为委员，罗隆基为宣传委员，周新民为组织委员，潘大逵为青年委员，潘光旦为财务委员。经过他们的努力，西南联大、云南大学、中法大学等高校的知名教授曾昭抡、费孝通、闻一多、吴晗、楚图南、胡毅、王赣愚、尚钺、姜震中、吴富恒、陆钦墀、朱驭欧等，以及在昆明的社会活动家、知名人士李公朴、李文宜、冯素陶等都陆续加入了进来。

因为当时还不吸收学生入盟，民盟昆明支部就决定在学生中成立"民主青年同盟"（民青），且明确民主青年同盟是预备盟员性质的组织。潘大逵负责在云南大学及中法大学联系进步学生，吴晗、闻一多负责联系西南联大的进步学生，各校都建立了民主青年同盟组织。潘大逵在云南大学的学生中，发展了杨维骏（云大学生自治会主席）、蒋阜南、莫翰文、丁维铎等加入民主青年同盟，建立了民青组织。云大民主青年同盟组织的核心成员为杨维骏、丁维铎、蒋阜南等共 7 人。他们每两周在潘大逵家聚会一次，分析形势，研究工作。潘大逵还到中法大学学生宿舍给民青成员杨明所联系的同学们讲"中国民主政团同盟"成立的情况。云南大学、中法大学的民青组织在潘大逵的指导下，强调谨慎、稳妥，采取各人单线联系的方式进行发展，因此发展速度比西南联大稍慢。

1944 年 9 月 19 日，在重庆特园举行的民盟全国代表会议上，根据云南代表的提议，将中国民主政团同盟改为"中国民主同盟"，潘大逵在此次大会上被选为民盟中央委员。1944 年 10 月 1 日，民盟昆明支部召开全体盟员大会，通过了民盟云南省执行委员会组织简章，并决定将中国民主政团同盟昆明支部改为"中国民主同盟云南省支部"，推举罗隆基、潘光旦、周新民、闻一多、楚图南、吴晗和潘大逵为委员，罗隆基为主委，周新民为组织委员，潘大逵为宣传委员，吴晗为青年委员。其实，在民盟全国代表会议之前，民盟昆明支部就已经打破了以"政团"入盟的限制，在西南联大、云南大学、中法大学的进步教授和社会知名人士中发展以个人身份入盟的成员。到 1944 年底，云南民盟支部的成员已达 50 人左右。

二

1943 年春夏之交，中共中央南方局派遣党代表华岗来昆明做龙云的统战工作，并化名林少侯在云南大学社会系任教授。同时，华岗与在昆明的中共地下党员、民主进步人取得联系。华岗倡议同各方面有代表性的学者、专家及文化教育界知名人士交换意见，与周新民商量后决定组织一个不公开的政治学术团体西南文化研究会。这个团体每半月在唐筱蓂家花园集会一次，轮流作学术报告。前期着重交流学术研究问题，后期以讨论时事政治问题为主，探讨国内外政治形势，对推进云南地区知识分子的团结，消除知识分子之间的门户之见，在抗日救亡、争取民主和进步的旗帜下团结起来，反对蒋介石独裁统治起到积极的作用。华岗等中共党员通过这个集会帮助诸多党外教授、学者认清了抗战形势，提高了他们的爱国民主思想觉悟。潘大逵积极参加了西南文化研究会的活动。

民盟云南支部对外的活动以宣传为主，形式多样，既有组织群众大会讲演和游行，也有举行小型时事座谈会、出版书籍、发行刊物等。宣传的内容，主要是贯彻民盟中央的方针，主张团结抗日，反对妥协。1944 年 9 月下旬，日本侵略军打到广西，三面包围桂林，国民党军队溃不成军，局势更加险恶。由民盟组织在昆明市中心长春路的昆华女中礼堂开群众大会，揭露国民党反动派丧师失地，致使日军长驱直入攻占了贵州独山，西南震动，号召广大群众起来保卫大西南。因为参加的市民和学生越来越多，礼堂容纳不下，临时改在附近广场举行。潘大逵和楚图南、李公朴、闻一多、吴晗都出席并作演讲。正在楚图南讲话时，国民党特务捣乱破坏，致演讲无法进行下去。李公朴挺身而出，维持秩序，但特务们大打出手，继续破坏会场秩序。云大学生自治会主席、大会勤务组的杨维骏急忙去请求地方当局派了一个排的军警进入会场，把主席台保护起来，特务们见势不妙，被迫躲藏或逃走。这是民盟在昆明第一次与国民党反动派斗争的胜利。

民盟组织经常在各大学召开有针对性的小型时事报告会或座谈会。潘大逵除了参加在各大学召开人数较少的小型时事报告会或座谈会外，还与周新民一起组织了一个"民主宪政促进会"。这种集会是他在成都搞爱国民主活动所采用的方式，邀约一些党派色彩较少的各界人士参加，如云大文法学院院长姜亮夫等就曾应邀参加；必要时还请他们出席由民盟召开的时事座谈会。民盟用这些活动扩大了昆明爱国民主运动的影响和声势。国民党反动派也常常邀请一些他们的"御用教授"举行讲演或座谈，并且和民盟同时召开，唱对台戏；可是反动派召开的集会往往听众寥寥无几，有时甚至开不成。

民盟云南支部成立后，即拟筹办一个定期刊物。在出版经费方面，秘密盟员朱健飞出力不少。经过半年多时间的筹备，于 1944 年底出版了创刊号，刊物定名《民主周刊》，作为民盟云南省支部的机关刊物。《民主周刊》

经常发表民盟中央的时局主张、宣言和盟员各人的意见，宣传民主宪政，号召加强团结，抗战到底，反对内战，主张建立联合政府。潘大逵一度担任《民主周刊》社的社长，并在刊物上发表过不少文章；有的文章还被其他刊物转载，如《对国民党"五五宪章"的批判》一文，就曾在成都马哲民等所办的《大学月刊》上转载；《论国民党口是心非与阳奉阴违》一文，曾转载于北平《民主周刊》（吴晗主办）。这篇文章拥护民盟中央 1945 年 11 月 12 日呼吁停止内战的书面谈话，响应中国共产党的号召，主张停止内战，在 10 天内召开各党各派政治协商会议。《民主周刊》一直到 1946 年李闻惨案发生后才被迫停刊。在艰苦的斗争中，《民主周刊》坚持按期发行了 1 年半，而且发行量越来越大，影响也日益增大。

1945 年 11 月中旬，民盟中央向全国发出呼吁，要求停止内战，要求国民党当局实施"双十协定"。民盟云南省支部为了响应民盟中央的呼吁，除了在《民主周刊》发表文章外，又联合西南联大、云南大学两校学生自治会，筹划组织一次大规模的反内战讲演，决定以联大、云大两校学生自治会名义于 11 月 25 日晚在西南联大广场举行；商定讲演者为钱端升、费孝通、伍启元、潘大逵 4 人。对讲演的内容也作了粗略的分工，钱端升和潘大逵从政治方面阐述必须停止内战，全国人民都应该起来反对内战，费孝通和伍启元则分别从社会与经济方面讲反对内战的迫切理由。那天晚上到会的听众很多，有各大中学师生 5000 余人。大会主席是一位学生，讲演开始后，混入的特务就开始捣乱，会场显得有些骚乱。

潘大逵讲的是"如何制止内战"，他引证大量事实，揭露国民党反动派在抗日战争胜利后，往全国各地调兵遣将，进行反人民的内战，把人民推入血海。他强调应从速召开政治协商会议，成立联合政府，要求美军从中国撤退。潘大逵是最后一个讲演者，此时不仅会场内混乱，而且上空枪声不断，但大家仍然坚持把大会开完。当大会结束，潘大逵从联大穿过云大走到青云街时，发觉有一个穿皮夹克的人在后尾随，他顿生疑心。此时已夜深人静，而他又疏忽大意，没有要学生送他回家，以至于只身无援。他只有加快步伐，此人亦紧紧跟随，快到北门街一个巷口时，此人突然抽出手枪用枪柄向他头部猛击，并叫喊"打红色汉奸"。潘大逵急忙闪避，同时大喊"特务打人"。那特务打中潘大逵的肩头后，飞步逃走，潘大逵亦不敢去追他。第二天，潘大逵在云大教务会议上叙述了特务打他的经过，同事们都很气愤。国民党反动派的丑恶行径，激起昆明大中专院校大多数师生的义愤，师生们开始自动停课。接着，中共地下党、民盟、民青决定发动各校举行罢课，发表罢课宣言，以示抗议。在罢课中，潘大逵和同学们一道，揭露国民党反动派穷凶极恶的面目及妄图镇压学生的阴谋；他还四处奔走，组织和参加云大教职员工罢教，支持学生的正义斗争。

三

抗战胜利之后，1946 年春西南联大、中法大学，准备回北平复校，外省来昆明任教的知识分子亦纷纷作离开昆明返回原处的打算，民盟云南省支部的几个负责人商定由云南本省人楚图南留在昆明，主持民盟云南省支部继续开展工作。为了进一步争取云南各界人士的了解和支持，民盟在昆明商务酒店和广东酒家分两天举行招待会，向新闻界和社会各界人士公开民盟云南省支部的组织，介绍民盟的政治纲领和主张。在中共地下党、知识界进步人士的支持下，加上得到云南地方势力的同情，民盟的各种活动开展顺利，不但在云南发挥了进步作用，在全国也产生了很大影响。

但国民党反动派却对民盟越来越仇视，竭力进行打击和迫害。他们在昆明市中心的近日楼墙上，张贴诬蔑诽谤民盟负责人的传单，说民盟是"共产党的尾巴""接受红色卢布"，等等。这些无耻谰言，并不能阻止爱国民主运动的发展，也不能动摇广大群众对民盟的同情和支持。后来反动派图穷匕见，采取最卑鄙、最残忍的暗杀手段，在 1946 年 7 月中旬先后将民盟成员李公朴、闻一多暗杀，全国震惊。昆明环境更加险恶，白色恐怖加剧，潘大逵等民盟负责人的住处被特务包围和监视，处境十分险恶。潘光旦与美国驻昆明领事馆联系，希望能给予保护，于是副领事罗斯出面，亲自将张奚若、潘光旦、楚图南、费孝通、潘大逵、冯素陶、尚钺、赵沨等10人接到美国领事馆"避难"；10个人在美领馆躲避了近20天。后经美方与云南省主席卢汉交涉，由卢汉承诺保证所有人员安全，大家才陆续离开昆明。潘大逵乘飞机去到了成都。

1947年5月，潘大逵前往上海向民盟中央汇报工作，奉指示到重庆筹建民盟西南总支部。与此同时，他还在重庆大学担任教授。1949年10月，潘大逵作为民盟西南总支部筹委会主任委员，同中共地下组织和其他民主人士一道，开展争取国民党军政人员的工作，他几次与四川实力派人物刘文辉、邓锡侯见面，策动他们起义，站到人民一边。12月，刘文辉、潘文华、邓锡侯通电起义，民盟组织和潘大逵等人为川康的和平解放做出了贡献。

新中国成立后，潘大逵任西南军政委员会文教部副部长，四川省第一、第四、第五届政协副主席，四川省文史馆馆长，民盟中央常务委员，民盟四川省委主任委员和中央参议委员会副主任，第一、五、六、七届全国人民代表大会代表。但是在1957年的反右运动中，潘大逵却因为与罗隆基的关系密切，不但被错划右派，而且还成了"章罗联盟"四川分店的头头，被解除了各种职务，只保留了民盟省委委员一个职务。直到1980年，中共中央才正式宣布改正其右派问题。

潘大逵在昆明一共4年时间。这4年里，他成为一位杰出的爱国民主人士，一位卓越的民盟领导人，以及中国共产党的忠实朋友。他不仅在昆明加入了民盟组织，而且还参与创建了民盟昆明支部，被选为民盟中央委员。在昆明，他拥护中国共产党的主张，积极参加中共地下党员组织的活动，与他们共同组织"民主宪政促进会"等，参加各种斗争，经受了各种考验。这些活动都充分表现了他热爱祖国、追求真理、坚持进步的思想。可以说，在昆明的4年是他政治生命的一个高峰，为他的人生谱写了一个辉煌的篇章。几十年后，他写了《风雨九十年——潘大逵回忆录》一书，对他在昆明的 4 年进行了深情的回忆。

主要参考资料：

1. 潘大逵：《风雨九十年——潘大逵回忆录》，成都出版社，1992 年版。

2. 政协云南省委员会文史编：《云南文史资料选辑》（第三十辑）。

3. 陈昌泰：《一生丹心为济世》，《文史杂志》2017 年第 3 期。

4. 云南大学志编审委员会编：《云南大学志·人物志（二）》，云南大学出版社，2003 年版。

5. 民盟云南省委编：《云南民盟史》，群言出版社，2020 年版。

（刘兴育）

奔走革命　报效桑梓

——记冯素陶先生

冯素陶

一

　　冯素陶（1906—2010 年），字穆岩，云南禄丰（广通）人。1920 年考入云南省立第一中学。此时正是五四运动波澜壮阔的时候，追求新思想、新事物的欲望冲击着很多青年。省立一中是昆明学生运动与新文化运动最活跃的一所学校，前所未有的新思想、新事物吸引着冯素陶。他积极参加了反对复古保守校长等学潮，担任过学生自治会负责人，主编过《滇潮》月刊。1924 年他赴上海，考入南方大学。这时正是大革命的前夜，山雨欲来风满楼，他常读《中国青年》和《向导》等进步刊物，在政治观点上有了更明确的反帝反封建的目标，认识到中国的政治问题不解决，任何问题都解决不了。

在省外和国外求学的云南青年中像冯素陶这样追求革命真理的进步青年不少。为了把云南旅外进步青年组织起来，培养革命力量，为云南革命运动的兴起创造条件，1925 年 7 月，北京大学学生、云南籍共产党员王德三开始筹建云南旅外进步青年组织。他与同在北京读书的云南籍学生王复生、杨青田、李鑫、王振甲等人，先后到上海、南京、武昌等地的云南旅外进步学生中进行串联。1925 年秋，以北京高等学校就学的滇籍共产党员为骨干的左翼学生，以"团结云南革命青年，砥砺训练，钻入社会的中心，作根本的、实际的改造"① 为宗旨，在北京成立了"云南革新社"，主要负责人为王德三、王复生、李鑫、杨青田。云南革新社成立不久就旗帜鲜明地提出："本社主张，用革命的手段打倒军阀与帝国主义者，及一切压迫民众的恶势力，实现国民革命及真正的民主政治。"在北京、上海、武昌、广州等地设立分社，成员多达 150 余人。上海分社有成员 20 人，冯素陶是其中之一。由于云南革新社与当时其他社团名称雷同，而且组织设置也不适应革命形势和组织发展的需要，1926 年 3 月，王德三等人经过认真研究后，将"云南革新社"更名为"新滇社"。

1925 年的"五卅运动"爆发后，新滇社的成员们大多数投入斗争，冯素陶配合工人在公共租界各马路进行宣传讲演和游行示威，在斗争中得到了锻炼，提高了觉悟，认识到"知识分子一经与工人阶级相结合，就能更好地发挥其在历史上的进步作用"。② 通过这次斗争，他在思想上、政治上为今后的人生道路初步奠定了基础。

"五卅运动"结束后，冯素陶转学到广州中山大学。此时新滇社已将总部设在了广州，先后在北京、南京、上海、日本、武昌、广州、广西等 7 地设立了支部。大家选举王德三、冯素陶、王振甲为新滇社总部负责人。冯素陶分工管总务，后又兼管组织，还兼管过广州支部。同年，经王德三、

---

① 《云南大百科全书》编委会编：《云南大百科全书（历史）》，中国大百科全书出版社，2020，第 618 页。

② 云南省政协文史资料研究委员会编：《云南文史资料选辑》第 31 辑，第 11 页。

李鑫介绍，冯素陶加入了中国共产党。北伐时期，国民革命军第三军军长朱培德决定由王德三帮助他的部队培训一批政治工作干部。王德三找到冯素陶商量，拟订开办政治训练班的计划。学员一部分由新滇社选送，一部分由云南青年努力会输送，共约50人，学期为5个月；学习科目有三民主义、马克思主义、政治经济学、农民运动、青年运动等。这个训练班于1926年夏初开学，冯素陶负责接待各地到广州的学员，帮助他们办理入学手续。虽然政治训练班的学习时间不到半年，但由于教员讲得好、学员学习得认真，为驻外滇军培养了一批政治工作干部，也为中共在云南建党培养了一批骨干力量。

1927年春，因遭国民党清党反共，冯素陶被迫离开就读的广州中山大学。"四一二政变"后，继上海之后，国民党在广州也大肆逮捕共产党人和革命人士。在广州的冯素陶意识到反革命潮流即将蔓延到全国，他迅速发电报通知中共云南地下党，使云南地下党避免了一次损失。蒋介石叛变革命后，形势急剧转变，作为一个地方性社团，新滇社的组织形式和活动方式已经不能适应当时全国革命高潮的需要。1927年春以后，新滇社总社和各地分社相继停止活动。① 冯素陶被组织安排留在广州负责处理新滇社的善后事宜。

1927年12月11日，张太雷、叶挺、黄平、周文雍、叶剑英等领导了"广州起义"。在广州的教导团全部、警卫团一部和工人赤卫队共5000余人，分数路向广州市各要点发起突然袭击。当时在广州的苏联、朝鲜、越南的部分革命者也参加了起义。在广州起义的三天时间里，冯素陶以极大的热情投入斗争，夜以继日地在市内参加宣传鼓动工作。12月13日起义部队退出广州，国民党反动派卷土重来。新滇社在东山龟岗20号的机关已在起义期间暴露，冯素陶傍晚赶回机关处理文件，刚把一些文件销毁后，便

---

① 《云南大百科全书》编委会编：《云南大百科全书（历史）》，中国大百科全书出版社，2020，第618页。

听见楼下传来急促的敲门声。他从二楼阳台向下一看，果然敌人来了，他越屋走脱。广州起义失败后，地下党组织遭到破坏，他和党组织失去了联系；云南地下党组织也因出了叛徒而遭到破坏，他只有前去上海。

<h2 style="text-align:center">二</h2>

1928 年，冯素陶在上海参加了中国社会科学家联盟，花了不少时间系统地学习马列主义著作。1933 年他又参加了"中国领土保障大同盟"，任秘书长，但这个组织后来也遭到破坏。1935 年，他辗转去到河南开封，在北仓女中任教。1937 年 9 月，他应云南大学教育学系主任徐述先教授之邀，回到昆明，与楚图南、杨一波等到云南大学附中教书，担任文史教员；1938 年 1 月又改任云南大学先修班（即预科）教师。①

冯素陶回到昆明不久，便与楚图南②、刘惠之③、徐绳祖④等筹办了一本以宣传抗日和民主为宗旨的《战时知识》半月刊，选用一幅八路军抗日进军的名画作为创刊号的封面画。冯素陶担任刊物的主编，徐绳祖为发行人。经过徐绳祖的活动，教育厅借给他们位于华山南路的一间铺房，作为《战时知识》半月刊的编辑发行处，还补助了一部分办刊经费，并解决了刊物向主管部门登记的问题。1938 年初，《战时知识》半月刊开始出版。这本杂志对宣传中国抗战必胜，德、意、日法西斯必败，以及介绍科学社会主义学说、各种进步思想，起到了很大的推动作用。该刊物还登载过批评国民党教育政策的文章，要求实行抗战教育。《战时知识》是当时昆明的各

---

① 见刘兴育主编《云南大学史料丛书·教职员卷》，云南民族出版社，2008，第 56、63 页。

② 时为云大文法学院副教授，见刘兴育主编《云南大学史料丛书·教职员卷》，云南民族出版社，2008，第 50 页。

③ 云大采矿专修班讲师，云南易门人，1939 年 3 月到云大。见刘兴育主编《云南大学史料丛书·教职员卷》，云南民族出版社，2008，第 63 页。

④ 字号茂先，云大教授，1938 年兼秘书长。见刘兴育主编《云南大学史料丛书·教职员卷》，云南民族出版社，2008，第 58 页。

种刊物中发行量最多的一种。随着刊物影响的逐步扩大，国民党反动派对其的打压力度也在增大。1941 年，在国民党反共高潮中，国民党省党部及三青团在他们的报纸上诬蔑冯素陶假借他人名义，在《战时知识》上发表"反动言论"等。就这样，《战时知识》被封杀，冯素陶在云南大学教书的职位也丢了。由于在昆明站不住脚，他被迫避居乡间约 1 年时间，从事一些研究工作。①

1937 年 12 月，在中共云南地方组织的支持下，冯素陶、楚图南等在昆明组织了云南文艺工作者抗敌座谈会。1938 年 5 月 1 日，以座谈会为基础扩大成立了中华全国文艺界抗战协会云南分会（简称文协云南分会），旨在团结文化、新闻、教育、戏剧等昆明的文化界人士，通过各种宣传和组织为抗战服务。该会第一届理事会有徐嘉瑞、楚图南、张子斋、张克诚、杨东明、杨济生、蒋南生、冯素陶等 20 多人，冯素陶被推举为第一届理事会主席。文协云南分会办有会刊《文化岗位》，会员中还有人担任《云南日报》《正义报》等报纸的文艺副刊编辑，编发或撰写了大量抗日救亡的作品。② 文协云南分会没有会址，便借用华山南路战时知识社楼上一间小屋作为理事们聚会的地方，也没有专职人员。身为文协云南分会主席的冯素陶，往往头一天带着会员上街贴海报，号召民众来开会，第二天开会又要主持会议。他在任职期间，召开过群众大会，举行过时事报告会，进行抗战宣传；还组织会员到影戏院，在演出前作简短的演讲。文协云南分会常借用国民党省党部的会场开群众大会，也注意和国民党省党部搞好统战关系，1940 年在省教育会礼堂举行鲁迅先生逝世 5 周年纪念大会，到会的人很多，应邀到会的有国民党省党部书记长陇体要及西南联大梅贻琦、傅斯年、孙伏园等人。他们还借用云南大学教室办过一期青年文化讲习班，请朱自清先生到讲习班作专题演讲。冯素陶在文协云南分会任职约 2 年。

① 云南省政协文史委编：《云南文史资料选辑》第 50 辑，云南人民出版社，1997，第 23 页。
② 中共昆明市委党史研究室编：《中共昆明地方史》，云南民族出版社，2008，第 310 页。

1941 年，云南民族资本家郑一斋经常邀请在昆明的爱国人士楚图南、冯素陶、张天放、艾志诚、杨春洲①、李公朴、孙起孟等至他家聚餐。之后参加活动的还有曾昭抡、杨一波②、刘达夫、寸树声等人。因最初参加者为9 人，李公朴爱开玩笑，把这个集会戏称为九老会，又名"九老聚餐会"。九老会不是一个正式的政治性组织，但通过每周一次的聚餐形式，交换对时事政治的看法，提倡抗日民主运动，宣传中国共产党的主张，揭露和抨击国民政府的反动腐败。1942 年 7 月郑一斋因车祸身亡后，九老会的活动仍继续进行，东道主改由艾志诚和杨春洲担任。这是在国民党两次反共高潮的冲击下，抗日民主活动很困难，进步团体有的被打垮、有的被分化下开展的工作。当时冯素陶正处于失业的困境，所办的刊物被封禁，教书职位也丢了，思想压力大，因此对九老会朋友的聚会倍感亲切。九老会连续活动两年，对抗日民主起到积极作用。

冯素陶到昆明后便与民主政团同盟成员时有往来，由于不同意民主政团同盟政纲中某些提法及其他原因，开始时他并未加入。1944 年，以民主政团同盟成员身份来到昆明的中共党员周新民③对他说，民主政团同盟已改为中国民主同盟，是中共积极支持的一个比较进步的爱国统一战线组织，由于工作的需要，希望他能参加；并说对民盟政纲有不同意见，将来开会可以提出来修改。冯素陶知道周新民是地下党员，便很爽快地同意了他的建议。1944 年 7 月，冯素陶在昆明参加了中国民主同盟。

三

在加入民盟之前，冯素陶还参加过中共派到云南做龙云统战工作的华

---

① 杨春洲，时任云大附中校长，1937 年 9 月到校。见刘兴育主编《云南大学史料丛书·教职员卷》，云南民族出版社，2008，第 71 页。

② 杨一波，云大附中教导主任，1938 年 2 月到校。见刘兴育主编《云南大学史料丛书·教职员卷》，云南民族出版社，2008，第 71 页。

③ 中共昆明市委党史研究室编：《中共昆明地方史》，云南民族出版社，2008，第 340 页。

岗（林少侯）[1] 领导的一个不公开的团体——西南文化研究会。参加这个研究会的有华岗、闻一多、吴晗、周新民、罗隆基、李文宜、楚图南、曾昭抡、潘光旦、费孝通[2]、辛志超、闻一多、尚钺（尚健庵）[3] 和冯素陶等10 余人。研究会每周集会一次，内容主要是进行学术交流、政治问题讨论，引导各种不同门户学派、流派的知识分子摒弃歧见，在抗日、民主、进步的旗帜下团结起来；这样前后持续了约两年时间。西南文化研究会事实上成为昆明学术界在中共地下党领导下的一个统一战线组织。与会人士在理论上、思想上都有所提高，除华岗本人外，这些人后来全都成为民盟成员。民盟云南省支部是中国民主同盟成立最早，也是比较健全的一个地方组织。其机关刊物《民主周刊》的社址设在西仓坡与北仓坡之间的府甬道，也是当时尚未公开的民盟云南省支部的办事处，但民盟云南省支部通常是在北仓坡冯素陶的住宅开执委会或其他重要会议。

1945 年 10 月，冯素陶被选为出席民盟第一次全国代表大会的代表，与李公朴、周新民、李文宜、曾昭抡、潘光旦、潘大逵[4]、辛志超等同赴重庆开会。那时还不能公开走，只能托商人出面租了两辆吉普车悄悄地经贵州到重庆。会议地点在重庆上清寺特园，其间多次出现争论激烈的场面。讨论政纲时，冯素陶提出"废除封建土地所有制，实行土地国有"的主张，但一位正在筹备成立农民党的代表董时进坚决反对。他认为中国农村问题主要不是土地所有制问题，而是改良生产技术的问题。冯素陶的主张得到张申府、李相符、李公朴、沈志远等人的支持，也有一些人支持董时进的

---

① 林少侯，河南金华人，1943 年 8 月到云大，任文史讲师。见刘兴育主编《云南大学史料丛书·教职员卷》，云南民族出版社，2008，第 85 页。

② 费孝通，云大社会学系教授兼系主任，1938 年 11 月到校。见刘兴育主编《云南大学史料丛书·教职员卷》，云南民族出版社，2008，第 84 页。

③ 尚健庵，河南罗山人，云大专任文史讲师，1941 年 8 月到校。见刘兴育主编《云南大学史料丛书·教职员卷》，云南民族出版社，2008，第 85 页。

④ 潘大逵，云大政治系教授，1942 年 8 月到校。见刘兴育主编《云南大学史料丛书·教职员卷》，云南民族出版社，2008，第 84 页。

观点。两种观点针锋相对，相持不下，后来只好提交大会表决。表决的结果，通过了冯素陶的主张，否决了董时进的主张。第一次全国代表大会上，昆明支部的盟员罗隆基、潘光旦、闻一多、楚图南、李公朴、周新民、李文宜、辛志超和冯素陶等人当选为中央委员。会后，罗隆基、周新民、李文宜、辛志超留在了民盟中央工作。

1945 年 12 月在昆明召开云南民盟第一次盟员大会，选举了楚图南、冯素陶、潘光旦、闻一多、潘大逵、吴晗等 11 人为新一届支部执行委员，另有候补执行委员 4 人。楚图南任主任委员，闻一多分工管宣传，潘光旦分工管财务，潘大逵分工管青年工作，吴晗任民主周刊社社长，冯素陶分工管组织。同时，大会决定在昆明以外的县建立组织。民盟在云南的组织工作，最初是由周新民负责。周新民是一位全心全意为民盟工作的地下党员，经他努力，云南已有一批较有水平的骨干盟员，有了这样的基础，冯素陶接任后工作就顺手得多了。到 1946 年 6 月，蒙自、建水、石屏、个旧、泸西、石林、呈贡、楚雄、大理、姚安、大姚、永胜、鹤庆、禄劝、富民、曲靖、富宁、陆良等县已经建立了民盟小组或分部，盟员从过去的 200 多人迅速发展到 600 多人。① 这一时期，当华岗有新的任务离开云南后，冯素陶又接替华岗到云南大学社会学系讲授中国社会思想史，但他的工作重点仍在民盟。

抗日战争结束后，蒋介石要想独吞胜利果实，发动大规模内战，准备集中兵力向北进攻解放区。但他也有后顾之忧，特别是有反蒋倾向的云南省主席龙云和昆明日益高涨的民主运动。为了解除后顾之忧，蒋介石的部署如下：第一步，除掉龙云，完全控制云南；第二步，消灭云南的民主力量。在第一步目的基本实现之后，接着就发生了 1945 年 12 月 1 日反动军警在昆明屠杀爱国青年的"一二·一"惨案。1946 年 7 月中旬，云南民盟领

---

① 云南省政协文史资料委员会编：《云南文史资料选辑》第 56 辑，云南人民出版社，2000，第 50 页。

导人李公朴、闻一多相继被国民党特务杀害于昆明街头。与此同时，昆明各大学及民盟负责人住宅附近，遍布特务；特务们制造白色恐怖，扬言还要除掉一些人。

1946 年 7 月 16 日，即闻一多遇害的翌晨，民盟盟员金若年带着美国驻昆明领事馆副领事罗斯来到冯家，邀请冯素陶到领事馆"避难"。冯素陶这才知道头天深夜，罗斯已来过一次，未能叫开门，只把楚图南、费孝通等几位接到美领馆。冯素陶当时因已约好与盟员杨昌辉、唐登岷下午在冯家碰头，商量应付事变的措施，所以未随罗斯去领馆。17 日下午，罗斯带着费孝通的信又来找冯素陶，信上说希望冯素陶立即到美领馆议事。冯素陶遂带着起草好的一份抗议国民党残杀爱国民主人士的抗议宣言来到美领馆，征求已住进领馆的各位民盟负责人的意见。冯素陶在美领馆住了三天，由于工作需要，又化装离开了美领馆。后来云南省主席卢汉秉承蒋介石旨意，亲自到美领馆劝说民盟负责人回家照常生活，并保证大家的安全。住在领馆的盟员回家后，云南省政府又通知他们，要求他们限期离开云南。地下党员欧根告诉冯素陶：据组织上了解，国民党认为云南民盟已被打垮，下一步的目标就是地下党，希望民盟的同志缓走一步，以便掩护已暴露的党员转移。冯素陶把地下党的意见转告各位民盟负责人。大家商量的结果是，冯素陶留下最后走。冯素陶留下来做了三件事：一是处理好云南民盟组织的善后事宜，成立一个临时领导机构；二是协助民盟中央派来昆明调查李闻惨案的梁漱溟、周新民的工作；三是完成地下党需要他做的事。因此，冯素陶直到 8 月下旬才与梁漱溟、周新民同机飞往上海，以后即留在民盟总部工作。

从 1937 年 9 月到 1946 年 8 月，冯素陶一共在昆明工作了 9 年时间。

四

1947 年 10 月，国民党政府公开宣布中国民主同盟为非法团体，禁止其一切活动，设在南京梅园新村、上海周公馆的民盟中央办事处也被特务封锁，不可能再继续工作。冯素陶和沈钧儒、周新民等其他民盟负责人，先后流亡到了香港，在香港重建民盟中央领导机构。1949 年 1 月 31 日北平和平解放，周恩来总理随即致电民盟，希望民盟中央领导机关迁回北京。冯素陶于 1949 年 3 月随民盟总部最后一批人员从香港回到北京，结束了一年多的流亡生活。10 月 1 日，他荣幸地参加了开国盛典，当毛主席站在天安门城楼上向全世界宣布"中华人民共和国成立了！"鲜艳的五星红旗冉冉升起的时候，他激动得热泪盈眶，终于看到自己向往并为之奋斗的这一天到来了。

1950 年夏，冯素陶被分配到西南军政委员会文教部工作；1952 年奉调回京，到北京农业大学任政治经济学教授，同时还担任民盟中央文教委员会常务副主任。1957 年秋，冯素陶又被调到中央社会主义学院，任副教务长，在吴玉章院长领导下工作。1959 年春，中共中央统战部和民盟中央决定派冯素陶到山西，接替邓初民①主持山西民盟工作。从此以后，冯素陶便一直在山西工作，时间长达 40 年，历任山西省政协副主席，第三、四、五届全国政协委员，第六、七届全国政协常委；山西省人民委员会委员，山西省人大常委会副主任；中国人民保卫世界和平委员会山西分会副主席，中苏友好协会山西分会副会长。在民盟内部，他历任民盟山西省委主委、名誉主委，民盟第一、二、三届中央委员，第四、五届中央常委，第一、二、三届中央参议委员会副主任，第八、九届顾问。

尽管冯素陶早在 1926 年就加入了中国共产党，但后来却与党组织失去了联系。多年来，他一直有一个诚挚而热切的愿望，就是重新解决自己的组织问题，但因为统战工作需要，一直留在党外。1988 年春，经中共山西省委研究和支持，中共中央组织部和统战部同意接受 82 岁的冯素陶入党。

---

① 邓初民（1889—1982 年），湖北石首人，著名社会科学家和民主人士，民盟创始人之一。新中国成立后曾任民盟中央副主席、民盟山西省委主委、山西省人民政府副主席兼山西大学校长等职。

在入党宣誓大会上，他庄重地表示，绝不辜负共产党员的光荣称号。

经冯素陶多次要求，上级同意他于 1988 年和 1992 年分别从民盟山西省委主委和山西省人大常委会副主任的领导岗位上退了下来。在他 90 多岁高龄时，还完成了自传《沧桑风雨九十年》。2010 年 4 月 7 日，冯素陶因病医治无效在太原逝世，享年 105 岁。

新中国成立后，冯素陶虽然未在家乡云南工作或任职，但他一直关心着云南经济社会的发展。在全国政协和民盟中央的会议上，每当见到来自云南的同志，他都要询问家乡的情况。同样，家乡人民也从未忘记这位在新民主主义时期和社会主义时期，为云南的解放和建设做出过重要贡献的革命先贤。

主要参考资料：

1. 云南省政协文史资料委员会编：《冯素陶回忆录：黎明前后》，载《云南文史资料选辑》第 31 辑，云南人民出版社，1988 年版。

2. 云南省政协文史资料委员会编：《云南文史资料选辑》第 40 辑，云南人民出版社，1991 年版。

3. 王开学、高生记：《追求民主，崇尚科学的世纪老人——访冯素陶先生》，《沧桑》1999 年第 2 期。

4. 民盟云南省委编：《云南民盟史》，群言出版社，2020 年版。

（刘兴育）

从英语教师到大学校长

——记吴富恒先生

吴富恒

　　吴富恒（1911—2001年），字赋恒，生于河北省滦县一个教育世家。其祖父吴会隆是清末副贡，父亲吴凤苞是廪生秀才。他们家无田产，均以教书为生，一生过着清贫自守的生活。祖父和父亲对年幼的吴富恒有很深的影响，并为他的一生树立了端端正正做人的典范。吴富恒小学毕业后，因父亲失业多病，家境贫寒，无钱供他升学，幸得舅父的帮助，到天津考入扶轮中学。这所学校经费充裕，师资队伍强，课程设置完整，吴富恒接受了良好基础教育。在中学阶段，他通过阅读当时的进步报刊，如《晨报副刊》《莽原》《语丝》等，接触到新思想，开始懂得关心国家大事和祖国的前途和命运，思想境界开阔了。

一、创办云南英语专科学校

　　1929年，吴富恒在一位叔父的资助下，考入了北平师范大学预科，

1931 年又升入北平师范大学本科英文系。北平师大的学生，不论什么系科，教育课程都属于必修，如教育概论、教育心理、教学法和教学实习等。准备做英语教师的学生，专业必修课是语言学、语音学、英语教材及教学法等。在文学方面，必修英国文学史和现代文学选读。在学习外国文学的过程中，吴富恒逐渐深入地接触了西方文化，受到西方的文化传统和文学作品所反映的各种思潮、人生观和价值观，特别是西方文艺复兴时期的人文主义思想的影响。这些思想和思潮，在当时是新鲜事物，深深吸引着渴求知识的青年们。与此同时，吴富恒也受到 20 世纪 30 年代初期中国政治、思想文化的影响，他还阅读了一些苏联十月革命后的文学作品，如《铁流》等，这些对他也产生了重要影响，他后来走上革命道路与这些影响是分不开的。1935 年，他以优异的成绩毕业后，被留在了北平师范大学附中担任英文教员。

不久，他参加了"中国正字学会"（The Orthological Institute of China，又称"中国基本英语学会"）。该会是由英国著名的文学评论家、语言学家瑞恰慈教授（Pro. L. A. Richards）与清华大学英籍教授翟孟生（Pro. R. D. Jameson）1933 年合作在北平创立的，参加者有吴可读（A. L. Pollard-Urquhart）、罗伯特·温德（Robert Winter）、水天同、吕宝东、赵诏熊、吴富恒、刘学俊等人。中国的英语教学始于清末，1862 年成立的京师同文馆是中国第一所外语学校。而此前的英语教学只限于外国传教士开办的教会学校。1922 年，民国政府颁布"壬戌学制"，英语学分在初高中均居首位，但由于师资短缺，教材不统一，教学效果差异大。中国正字学会试图在中国推广基本英语（Basic English），并开展基本英语的研究、试验和推广工作。为了在中国推广基本英语，美国洛克菲勒基金会向中国正字学会提供了相应的经费。

1937 年"七七事变"后，日本侵略军占领了北平，吴富恒不得不离开北平，先到天津。1938 年 8 月，他又离开天津，经过长途跋涉，辗转来到昆明。此前，中国正字学会创始人之一瑞恰慈与云南省教育厅长龚自知商妥，学会由北平迁来昆明，并首先在省立云瑞中学进行基本英语的试验教学。吴富恒到达昆明后，负责与云南省教育厅的联系，并亲自在云瑞中学开展试验教学。经过吴富恒在云瑞中学等校近两年的试验教学，证明基本英语对初学者确实是一条捷径，成效显著。当时云南迫切需要英语师资，中国正字学会与云南省教育厅进一步商定后，建立了一所三年制英语专科学校，定名为"云南省立英语专科学校"（以下简称"英专"），办学宗旨是为云南中等学校培养英语师资。这也有利于中国正字学会进一步研究、试验和推广基本英语。试验教学计划以及办学所需经费，都由中国正字学会负责，教育厅则批准计划，拨借校舍。校长一职，学会推定由水天同担任，教务长则由吴富恒担任。

1940 年秋，第一届新生入学时，校址是在昆华女中附近的咸宁巷 2 号。因当时敌机轰炸频繁，常在听到预警后，师生迅速疏散到北门外莲花池英国花园上课。后咸宁巷校址被炸毁，又迁至昆华中学（即今昆明一中）的一幢楼房继续上课。1942 年夏天，又迁到云瑞中学西院（即今人民胜利纪念堂），修理被炸后的破房屋继续上课。后由省教育厅批准，将兴隆街省立昆华商校的学生宿舍拨给英专，改建为英专新校舍，共约有平房 20 多间，其中包括教室 3 间，图书室兼会议室 1 间，并有一块简易的小运动场地。1941 年太平洋战争爆发后，来自美国洛氏基金会的经费补助断绝，英专主要靠学生缴纳的学杂费及募捐维持，景况十分艰苦。后来，省教育厅把英专列入云南的教育经费计划，英专才得以继续发展，所有这些都是水天同与吴富恒操办的。水、吴两人除分管校务和教务之外，同样也要任课。试验教学所用英语教材也由他俩分别编写。

从 1940 年到 1949 年，英专共招了 10 届学生，办了 10 年学。尽管校舍因陋就简，但课程设置规范，师资力量也很强。教授英语课程的外籍教师，最早有英籍的吴可读、美籍的温德，都是著名教授。吴可读过世后，在温德返回美国度假期间，1944 年春，英国文化协会又为英专派来皮尔逊夫人（Mrs. Pearson）和哈丽丝女士（Miss Harries）。第二次世界大战结束后，皮尔逊和哈丽丝回英国探亲期间，又派艾德勒姆女士（Miss Adlam）来代课。

1946年秋，皮尔逊和哈丽丝从英国返回昆明后，仍继续在英专任教。

英专的中国教师也大都是国内的知名学者：莎士比亚研究专家陈嘉教授在英专教戏剧选读；教英国语言史的先后有邵循正教授和赵诏熊教授；教西洋史和英国文学史的是凌达扬教授。专职教师水天同和吴富恒的学识、水平和口才，都是第一流的。水天同经常教一、二、三年级的主要课程，其教学效果之优，全体同学有口皆碑。吴富恒十分博学，擅长于讲散文，散文涉及面广，文史哲融为一体，每节课都能使学生增加新的知识。吴富恒对英专学生要求严格，不用说迟到早退不行，就是课堂上衣冠不整也不被允许。一个热天下午，一位学生上课时把外衣挂在椅背上，只穿衬衣，被吴富恒看见了，严肃地让他穿上，使这位学生感到十分尴尬。多年后，这位学生回忆道："我后来严肃认真对待工作的态度和作风的形成，是与这次吴先生的严厉批评分不开的。"凌达扬在课堂上从不讲一个汉字，这就逼着学生非练习讲英语不可，其效果就不只宣讲了历史知识，同时也培养提高了学生的英语听说能力。此外，还有云南大学的鲍志一和昆明师范学院的胡毅也来英专兼课。在10年的时间里，学校惨淡经营，艰苦奋斗，培养了众多英语人才，其中不少人后来都成了云南教育界的骨干力量。

1940年夏天，吴富恒在瑞恰慈的推荐下，获得美国"洛氏基金会"奖学金，到美国哈佛大学留学。在这里，他跟从瑞恰慈教授进修语义学、文学批评和哲学，认真钻研瑞恰慈教授的论著《文学批评原理》《实践批评》等，获益良深。与此同时，他还在教育研究院攻读教育心理学、学习心理学和各流派心理学。在哈佛大学，他接触到很多美国学者和中国留学生，有著名汉学家和中国史专家费正清教授，有留学生周一良、林耀华、邓恩禹、郑德坤、冯秉铨等。在美学习期间，正值中国抗日战争的艰苦年代，在中国大地上不屈的中国人民正在和日本侵略者进行着浴血奋战。吴富恒和中国留学生们时时关注战事，为祖国的命运担忧；他们组织演讲会，宣传中国文化、宣传抗日，上街募捐，为抗战尽自己的微薄之力。1941年下半年，他获得哈佛大学教育研究院硕士学位后，放弃留在美国继续攻读博士学位的机会，于 1942 年初搭乘一艘荷兰货轮，取道印度尼西亚、新加坡、缅甸，回到了战火纷飞的祖国，继续在云南省英语专科学校任教。

二、执教云大，加入民盟

语言学是大学社会学系的一门选修课。1942 年 2 月，时任云南大学社会学系代理主任的陶云逵闻讯吴富恒回昆，立马聘请他讲授这门课程。陶云逵在给熊庆来校长的信中写道："（吴富恒）对于语言学极有研究。如蒙允准即希发给兼任讲师聘书。"熊庆来收到信后立即批示同意。于是，当年吴富恒就到云大社会学系兼课。这样虽然增加了他的教学工作负担，但也为他的英语教育开辟了更加广阔的发展道路。云南大学文史系在 1941 年增设了外国语文组，由赵诏熊主持工作，但当年底赵诏熊辞职离校，便造成了职位空缺。时任文史系主任的楚图南了解到吴富恒的学术水平后，竭力邀请他到文史系主持外国语文组。吴富恒接受了邀请，于是被正式聘为云南大学的英文教授。

在云南大学，他先后开设了"英文散文选读及作文""小说选读""英文诗选读""史学概论"等课程。在他的主持下，尽管外国语文组经费奇缺，但仍得到了很大的发展。他邀请他的好友、西南联大外语系教授凌达扬及美国人苏冰心到外国语文组担任专、兼职教师，还将英专的优秀毕业生杨邦顺推荐到云大文史系学习并留校任教。到 1945 年，外国语文组已有教授 6 人，副教授 4 人，讲师 9 人，助教 7 人，其中外籍教师 1 人，教师队伍已具相当规模。这年 5 月，国民政府教育部批准云南大学外国语文组扩充为外语系，吴富恒被聘为首任系主任。此后，中外名流到校任教、讲学者越来越多，学生人数也逐年增加。云南大学校方也非常重视外语系，划拨大量经费从国外订购参考书，还动员社会贤达捐赠外文书刊，有力地保障了教学的需要。

吴富恒担任云南大学外语系主任后，仍然兼管云南英专的管理工作，这也加深了云大与英专的合作关系。英专一年级的教材，被用作云大公共英语补习组的教材；云大教师王金章、鲍志一为英专兼课，而英专的水天同先生也曾给云大外语系的高年级学生讲授"莎士比亚"。1944 年秋，云大社会学系主任费孝通赴美讲学归来，吴富恒不仅请他给云大外语系的师生畅谈旅美观感，也请他给英专的师生作报告，使英专的学生大开眼界。

吴富恒曾不止一次地在课堂上讲过"对政治不感兴趣"这样的话，意思就是说自己是搞教育的，是搞学术研究的，不想过问政治。其实，他只是对当时国民党的官场现状不满，对当时那样的腐败政治没有好感。事实上，他对祖国的前途和命运是非常关心的，对当时校园里的爱国抗日民主运动也是积极参与的。1944 年，他参加了华岗、周新民倡导组织的西南文化研究会，讨论时事，交流思想。吴富恒后来说，他就是在这一时期读到了毛泽东的《新民主主义论》《论联合政府》等著作以及中共办的报纸。

1945 年 8 月抗战胜利，人们都以为盼望已久的和平终于来到了。可是国民党反动派却又开始策划内战，同时排除异己，迫害进步人士。1945 年的"双十协定"墨迹未干，昆明就发生了"一二·一"惨案，昆明各大学、中学教师发表了"罢教宣言"，吴富恒也在宣言上签了名。正是在这最危险也是对每个正义者考验的时刻，吴富恒在楚图南、吴晗的介绍下，于 1946 年 4 月加入了中国民主同盟，并积极参加民盟组织的各种活动。1946 年 5 月 2 日，吴富恒与潘光旦、费孝通、朱驭欧等 19 名教授联名发表了《致马歇尔将军呼吁书》，代表中国人民向美国驻华公使马歇尔呼吁，要求美国政府反对独裁，制止内战，停止向国民党军队提供武器。吴富恒还以笔墨为武器，用文学评论家锐利的目光剖析社会中的丑恶与善良，在报刊发表文章，提出许多发人深省的问题，如他写的对"鸡鸣早看天"的评论，充分体现了他深厚的文学素养和坚决的批判精神。他还为民盟机关刊物《民主周刊》翻译过不少文章，同样留过洋的罗隆基称赞吴富恒翻译的文章语言准确而流畅，为《民主周刊》增色不少。

民盟在昆明开展的民主爱国运动，引起了国民党反动派的忌恨。1946

年 7 月，昆明发生了震惊中外的李公朴、闻一多遭国民党特务杀害的惨案。整个昆明都笼罩在白色恐怖之中，民盟已不能公开活动，民主进步人士随时都可能被杀害。民盟云南支部的负责人曾进入美国驻昆明领事馆"避难"。但吴富恒仍对国民党反动派对手无寸铁的民主人士的镇压表示了愤怒，这就有可能招来国民党反动派的毒手，关心他的朋友们都劝他尽快离开昆明，以脱离虎口。于是，在组织的安排下，1947 年 1 月，吴富恒离开昆明，前往上海。

三、山东大学校长

1947 年 1 月，吴富恒到达上海后，中共上海办事处负责人、上海工委书记华岗介绍他到解放区工作。他于 3 月搭乘联合国救济总署向山东解放区运送军用物资的船来到山东烟台。在烟台外事办工作期间，吴富恒与其云南大学的学生同时也是亲密战友的陆凡女士喜结良缘，两人并肩战斗在解放战争的前线，开始人生的又一旅程。在中共胶东行署特派员姚仲明的安排和领导下，他担任当时解放军唯一的英文报纸《芝罘新闻》的副主编。国民党军队进攻胶东，吴富恒夫妇随外事办转移到乳山县的一个海边小村。在那里他脱下西装，穿上房东大嫂帮助缝制的粗布对襟棉袄，生平第一次过上了与农民"三同"的生活。

1948 年，随着中国人民解放军由战略防御转为战略进攻，山东各县、市先后回到人民手中，省城济南也随之解放。这年 9 月，吴富恒受命参加解放军接管城市的任务，跟随李澄之先生兼程来到济南，任济南军管会文教组成员，负责接管国民党办的山东师范学院。接管后的山东师范学院并入华东大学，他亦随之到华东大学任教。在华东大学生活的两年多时间里，他先后任文学院教授、文艺系和文学系主任。1950 年底，华东大学迁往青岛，1951 年 3 月与山东大学正式合并，成立了新的山东大学。吴富恒起初担任山东大学文学院长兼外语系主任，1952 年撤销院的建制，改任教务长。

1955 年，他加入了中国共产党。1958 年山东大学由青岛迁往济南。1959 年，吴富恒担任山东大学副校长。1966 年"文化大革命"开始，吴富恒被迫停止工作。在从山东大学合校到"文化大革命"前的 15 年中，他一方面担任领导职务，一方面直接给学生上课，讲授"文艺学"和"英国文学名著选读"课。1951 年，他还在华岗校长的支持下，创办了国内外知名的学术刊物《文史哲》。之后，他又协助校长成仿吾恢复了 1957 年被停办的外文系。1963 年，他积极倡议成立了由他兼任主任的美国文学研究室，这是全国高校中最早成立的研究美国文学的学术机构。1978 年，已经年近古稀的吴富恒被任命为山东大学校长，兼任校党委副书记。直到 1984 年，他才退居二线，担任学校顾问，并继续从事外国语言文学的教学工作。

作为教育家的吴富恒，同时也是一位杰出的社会活动家。从 1950 年始，他就一直在人大、政协、民盟等担任着重要领导职务。他曾在新中国成立初期担任过民盟济南市支部临时工作委员会主任委员、山东省各界人民代表会议协商委员会委员，也先后担任过第一、二、三届山东省政协常务委员，第六、七届山东省政协副主席（1988 年 1 月—1997 年 9 月），第三、四、五、六、七届全国政协委员，第一届山东省人大代表，第一、五届山东省人大常委会委员，民盟中央第四、五、六、七届常委，民盟山东省委员会第一、二、三届副主委（在三届三次全会上当选为主委），民盟山东省委员会第四、五届主委，1997 年后任民盟山东省委员会名誉主委。

为表彰吴富恒在教育领域的杰出工作和卓著成就，1982 年，美国哈佛大学邀请吴富恒赴美参加"名誉法学博士"① 授予典礼。吴富恒作为第一位被美国哈佛大学授予名誉法学博士称号的中国大学校长，授予仪式非常隆重，场景感人。博士授予证书上对他的评语是："在艰苦的年代里，这位爱国的教育家坚持教育与学术，把它们作为一个强大的、富有生命力的社会基础。"1985 年，吴富恒被列入美国皇家出版公司出版的《当代国际功

---

① 名誉法学博士是授予在国际交往中有卓越贡献者，不同于政法学科专业博士。

绩卓著名人录》；1987 年被列入英国剑桥国际传记中心出版的《国际有卓越成就的领导名人录》；1990 年列入美国传记研究中心出版的《国际光荣录》；1991 年列入中国中外名人研究中心编《中国当代名人录》。2001 年 6 月 25 日，因病医治无效，吴富恒在济南逝世，享年 90 岁。

吴富恒先后在云南英专、云大外语系和山大外语系任教，硕果累累，桃李满天下。当年他参加创办的云南大学外语系，从开始只有英语 1 个语种，发展到现在有英、法、俄、日、德、缅、越、泰等 8 个语种。几十年来，云大外语系为国家培养了数千名英、法、俄、日等外语专门人才，分布在全国的新闻、金融、外贸、文教、卫生、科研单位及厂矿企事业。吴富恒离开云南后，仍然十分关心云南的发展。1982 年 8 月，来昆休假的吴富恒应民盟云南省委的邀请，为昆明的 200 多位盟员和知识分子作了一个专题报告，介绍国外高等教育情况，并同大家一起交流探讨高等教育改革问题。

2001 年，吴富恒在《群言》杂志上发表了一篇《新世纪抒怀》的文章，文中写道：

> 我是 1911 年，清宣统三年，也就是辛亥革命那一年出生于河北省滦县一个世世代代以读书教书为生的家庭。从出生到现在整整 90 岁，经历了清末、中华民国，迎来了祖国的新生，并和中华人民共和国一起经历了 50 多年的风风雨雨。从 1931 年起从事教育事业，1946 年经吴晗、周新民介绍，我加入了民盟，1955 年加入中国共产党。可谓 70 年教龄、55 年盟龄、46 年党龄，是一个有着较长历史经历的老同志。因此，在举国庆祝中国共产党成立 80 周年之际，我由衷地说两句现代中国人民的共识——"没有共产党就没有新中国""只有共产党和社会主义能够振兴中国"。

主要参考资料：

1. 周崇德：《我所知道的吴富恒先生》，《云南文史丛刊》1997 年第 2 期。

2. 贾少浦：《吴富恒教授小传》，《人物春秋》2007 年第 2 期。

3. 马瑞芳：《从哈佛到哈佛——大学校长吴富恒教授的道路》，《中国作家》1988 年第 4 期。

4. 民盟云南省委编：《云南民盟史》，群言出版社，2020 年版。

（刘兴育）

弦歌不辍　育人益乡

——记寸树声先生

寸树声

一、留学日本和早年活动

寸树声（1896—1978 年），字雨洲，1896 年农历 9 月 25 日出生于著名侨乡——云南省腾冲县和顺乡。其父寸辅清，是前清光绪辛卯（1891 年）举人，1904 年赴日本学习师范教育，并加入了同盟会。寸辅清 1909 年回国后，又到广西法政学堂学习过法律，1911 年曾参加昆明重九起义，对辛亥革命云南起义和滇西新学的发展有过很多贡献。寸辅清回家乡腾冲后创办了永昌师范学校，后来又担任过腾冲县立中学校长。父亲的言行对寸树声有极大影响。后来他曾说："想起我父亲佐延公对永昌腾越教育的贡献，而自己一事无成，若能多少对桑梓教育有所尽力，也可减轻我的不肖。"

寸树声从小便受到良好的教育。幼年在家乡私塾读书，随即转入和顺高等小学堂学习，1911 年，寸树声考入云南省第二中学——大理中学。这里萃集着许多学者宿儒，思想也比较进步。寸树声在大理中学学习勤奋，思想激进，爱国爱乡的思想很强烈。他多次受到校长和学监的褒奖。在参加修筑大理中学第一操场的劳动时，几乎所有的学生都走光了，只有寸树声等 7 个人仍在挑土。校长在训话时说："这是寸树声将来任重致远的征兆。"1915 年，他从大理中学毕业，回乡担任和顺高等小学堂教师，这是他的第一次教育实践。

1918 年，寸树声经同乡前辈李根源先生①介绍，获得云南省官费赴日本留学机会。1918 年冬，他取道缅甸前往香港转赴日本，这是他第二次离家外出求学。到日本后，他先后就读于东亚预科、东京高等师范学校，1929 年从该校研究科毕业；后来又考入九州帝国大学经济系学习，1932 年毕业并获经济学学士。寸树声赴日之时，正值苏联十月革命之后，进步和革命思想在青年人中广泛传播。他受到进步思潮的影响，先后加入了郭沫若等人组织的革命文学团体"创造社"和中国共产党领导下的由留日进步学生和台湾学生组织的"社会科学研究会"，并任该会的宣传部长。

在社会科学研究会中，他与云南腾冲同乡艾思奇②等人共同积极学习研究马克思主义哲学、政治经济学；还与另一云南腾冲同乡张天放③主编进步刊物《曙滇》杂志，该刊得到旅缅滇侨汇到日本的汇款作为办刊经费，并得到留日滇籍学生的赞助，于 1923 年在东京创办。《曙滇》在发刊词中指出"云南者云南人民之云南也，云南人民不急起直追，自谋挽救，则更将何望？"刊物除了在留日云南籍学生中流传外，每期都寄回云南。1924 年 1

---

① 李根源（1879—1965 年），民国元老，著名爱国人士。早年留学日本，后任云南陆军讲武堂监督兼步兵科教官、总办，与蔡锷等发动云南重九起义。新中国成立后，历任西南军政委员会委员、全国政协委员等职。

② 艾思奇（1910—1966 年），原名李生萱，云南腾冲和顺人，马克思主义哲学家，曾任中共中央高级党校哲学教研室主任、副校长、中国哲学会副会长、中国科学院哲学社会科学部学部委员。

③ 张天放（1893—1984 年），云南爱国人士，日本早稻田大学毕业。新中国成立后历任副省长、省政协副主席、省人大常委会副主任、民革云南省委主委等。

月，列宁逝世，寸树声得知后曾写诗哀悼，并把诗稿寄回上海《民国日报》副刊发表。1927年国内发生"四一二政变"后，寸树声在日参加集会，愤怒揭露蒋介石叛变革命的罪行。他对日本帝国主义侵害中国主权的行为深恶痛绝，曾与进步留日学生到中国驻日公使馆请愿，要求严惩亲日派，取消不平等条约。从1918年到1931年，寸树声一共在日本生活和学习了13年，并于1929年与一日本女子结婚，生有一个女儿。

1931年"九一八事变"后，寸树声毅然携带妻儿回到中国。回国后，他先后任国立北平大学法商学院讲师、副教授兼校长室秘书，研究室主任等职，继续用马克思主义观点进行农业经济学的教学和研究。在此期间，他与邢西萍、张友渔、千家驹等友人自费出版《世界论坛》旬刊，翻译与介绍国外左翼文章，传播进步思想，并分析时局，力主抗日。1936年，寸树声与马叙伦等人还发起组织了"北平文化界救国会"。他对国民党政府的不抵抗主义和镇压抗日救亡运动极为不满，积极宣传抗日救亡思想，热情支持"一二·九"爱国学生运动。许德珩先生①在1985年8月13日《人民日报》上曾撰文回顾这段时间的活动："北平高等院校的一些进步教授，如马叙伦、张友渔、黄松龄、千家驹、劳君展、齐燕铭、寸树声等也在党的领导和影响下，冒着被解聘和坐牢的风险，积极宣传抗日救亡的革命思想。"

1937年"七七事变"后，寸树声与潘大逵、李达等在《世界日报》上发表给蒋介石的快邮代电，促蒋抗日。北平沦陷后，日本人希望找一些曾留学日本的知识分子组成"华北教育委员会"，为日本人服务。寸树声不愿做汉奸亡国奴，不愿为日本人做事，因而选择了逃离北平。为此，他与日本妻子也因各自怀着对祖国的感情而分了手。他逃到南京后，曾四处寻求抗日工作。因南京政府消极抗战，幻想破灭后，又辗转去到西安，在西安

---

① 许德珩（1890—1990年），著名爱国人士、政治活动家、教育家，九三学社创始人和杰出领导者。新中国成立后曾任水产部长、全国政协副主席、全国人大常委会副委员长。

临时大学、西北联大等高校任教，曾任西北联大法商学院经济系教授兼主任。在此期间他联系进步师生，支持抗日民族解放先锋队，并因此被学校当局定为"支持民先、思想不纯"而遭解聘。

二、创办益群中学

1940年1月，寸树声怀着对家乡的想念，怀着对年迈老母亲的思念，回到了离别21年的家乡腾冲和顺。在外漂泊多年、几经坎坷之后，回到故乡的寸树声一度心灰意冷，称自己"对从事教育已经厌倦"，而有"到滇缅公路上去经商"的打算。

腾冲是一个美丽的地方，同时也因其特殊的地理位置，使它一直同国外有密切的来往，许多腾冲人通过滇缅公路到国外经商做生意。寸树声的家乡和顺就是一个著名的侨乡，生活在缅甸和海外的和顺人比在国内的还要多。然而这里的教育仍比较落后，当时腾冲县只有一所省立的正规中学，其收费对于普通农家子弟来说还是昂贵的。为了让更多的腾冲子弟能学习文化知识，腾冲宿儒、老教育家李仁杰在缅甸华侨组织——崇新会的捐助下，开始筹办一所乡村中学——益群中学。民国元老李根源对此也全力支持，并担任这所学校的董事长。

学校筹委会成立后，当得知寸树声已经回到昆明，遂力邀他出任学校校长。但是此刻的寸树声却以"对从事教育已经厌倦"为由，一度婉言拒绝了。然而，回到腾冲后，面对家乡父老的热情迎接和再三恳请，云南人血液里那种对故乡的无限深情战胜了他原先的想法。他后来写道："边疆也是中国领土，边疆人民也是全国同胞的一部分，边疆文化落后，边疆人民的无智，应该是智识阶层的耻辱和责任。"怀着这样的信念，寸树声同意出任益群中学校长，并兼任和顺中心小学校长、和顺图书馆馆长。

寸树声到任后，经过3个多月的准备，益群中学于1940年3月1日正式开学上课。由于师资不足，他委托吴晗、曹靖华等朋友在昆明招聘到一批因抗战流离失所，来到大后方的外省专业人才到益群中学做教师；他自己又亲自前往缅甸，在华侨中募集办学经费；并从上海、香港、昆明等地购置图书。在寸树声的苦心经营下，益群中学、和顺图书馆越办越好，在全国声名大振，社会名流、专家学者纷纷题词撰文，至今犹存。

寸树声十分注重边疆教育的"地域的特殊性"，认为"乡村的学校应与社会打成一片"。学生应该"在教室里、在图书馆里是优秀的知识学习者，而出了教室、图书馆，又是优秀的生产者"，强调教育与生产劳动的结合。他把学校比作一个"智慧的果树园"，要达到"树一木，育一人，则十年之内社会即蒙其利，受其影响所及百代"的效果。他主张用"斯巴达"的严格方式要求学生，培养合格人才，逐步提高乡村文化水准和边疆民族素质。他要求益群中学的学生穿短裤、着草鞋、留平头，并要求学生每周清扫他们住家附近的环境一次，改善乡村卫生面貌。组织学生消防队，禁止学生吸烟、赌博、喝酒、吃零食、随地吐痰、随地便溺等。师生们还协助乡民兴修水利、大种小春作物、发展副业、植树造林、美化环境，并养成艰苦朴素、发奋学习、自强自立的良好校风。寸树声认为"发展边疆教育，是要将边疆的文化水准提高到和中原文化水准差不多的程度，绝不是办理打折扣的教育"。

他很重视学生的体育锻炼，亲自带头开辟操场、挖游泳池，并让自己的妻子担任体育教师（寸树声于1941年与益群中学教师陈茂耘结婚）。在当时封建气氛还很重的乡村里，一个女子带着学生在操场上蹦跳，在当地村民中引起了很大震动。寸树声还十分重视发展女童教育，曾逐家逐户地动员女孩子上学。他还教育女同学说："因未受过教育的女子被社会恶习同化，而不觉醒，是中国社会停滞之一原因。"

寸树声深知封闭的乡村环境会给学生造成目光短浅的弊病，因此很注意对学生进行时事和政治教育。他亲自担任"公民课"教师，结合政治和社会现实来启发、引导学生。益群中学除了开设英文课外，寸树声还根据腾冲的具体情况，开设了当时全中国独一无二的缅甸语课程，让学生掌握对外交流的工具。他还购置了收音机，每天把国际国内动态抄录在纸上，分送邻近乡村和县城各机关。他自己也时常演讲，向学生和村民传播时事知识。寸树声以主要精力办学育人，兼做侨乡社会建设工作，深受乡民和社会各界赞许。直到现在，益群中学创办时的一些优良传统仍为当地乡民们所称道。

然而，好景不长。1942年5月，日军从缅甸入侵中国，攻占龙陵，逼近腾冲，学校不得不停课了。在日军距腾冲只有几十千米的情况下，寸树声以极为悲愤的心情，给学生上了"最后一课"。他后来写道：

> 我勉强走上讲台对他们说："时局的情形你们都知道了，我们以为不能来到腾冲的敌人已经只离我们三四十里了。我只恨我们没有自己的力量，恨我不能保护你们，领导你们！学校从今天起只有停课，将来总有一天学校又能开学上课！……平时对你们所说的话希望你们不要忘记，你们要在艰苦的环境里磨炼你们的精神，在斗争里发展你们的力量！……我相信每一个黄帝的子孙，是不会当顺民的，不甘心做奴隶的！……"我呆站在讲台上，只觉得鼻酸喉哽，不能再继续下去。台下的女生们已经欷歔的在哭泣着，男生们都低垂着头，直立不动。似乎过了很长的时间之后，我鼓起勇气说了一声："同学们，再见罢！"就踉跄地走下台来了。①

三、加入民盟　迎接新中国成立

1942年5月10日，日军攻占腾冲。由于不愿做日本的顺民，寸树声于

---

① 寸树声：《两年半的乡村工作》（1944年10月），载《寸树声的乡村教育实践》，本书编辑委员会编印，2007。

腾冲沦陷的前一天，再度告别故乡，告别老母亲，踏上了流亡之路。

他先经昆明去到了重庆，经人介绍到国民党外交部外交史资料整理委员会做了近一年时间的秘书工作。1943年7月，他又回到昆明，担任云南省赈济会救济组组长等工作。在这段时间里，他经常和周新民、李公朴、楚图南、孙起孟、艾至诚、冯素陶、杨一波等进步人士在一起，组织时事座谈会，定期集会，交换从各方面得到的抗战消息和各地民主运动情况，分析云南的龙云地方政府与蒋介石的矛盾等。1944年10月，他撰写出版了《两年半的乡村工作》一书，总结了乡村建设尤其是创办益群中学的实践经验，系统地阐释了自己的教育理念与教育思想。他的好友徐嘉瑞在此书序言中写道："教育与社会打成一片，生活与教育打成一片，今于此书见之。童年纪影，如在目前，情至文生，哀感顽艳。教育理论，以文艺之笔写出，更为动人。"

1944年12月，经周新民、罗隆基①介绍，寸树声在昆明加入了中国民主同盟，是民盟云南支部早期发展的盟员之一。中国民主同盟昆明支部成立于1943年5月，负责人是罗隆基、周新民、潘光旦等人。关于加入民盟，寸树声后来在《自传》中是这样写的："周新民约我加入民盟。我觉得要参加政党，不如直接加入共产党。周新民将我们的想法转告了昆明中共地下党负责人。这位负责人说，理解和感谢我们的要求；但是当前在大后方的重要任务是发展壮大民主力量，孤立国民党反动派，加强抗日统一战线。大家参加和支持民主运动，就是支持中共了。我把这话告诉了吴晗②、吴传启，我们就一起加入了民盟。"

---

① 周新民（1897—1979年），1926年加入中国共产党，1942年在重庆加入民盟，1943年与罗隆基等建立民盟昆明支部。新中国成立后任中央人民政府办公厅副主任、最高人民检察署秘书长、全国政协副秘书长、民盟中央常委兼组织部长等职。罗隆基（1896—1965年），政治活动家、爱国民主人士、民盟创始人之一，1949年后任民盟中央副主席、政务院委员、森林工业部部长等职，反右运动中成为大右派。

② 吴晗（1909—1969年），著名历史学家、社会活动家。曾任云南大学、西南联大、清华大学教授，民盟中央副主席，北京市副市长等职，在"文化大革命"中被迫害致死。

这一时期，寸树声参加了许多民盟的活动，如出席各种演讲会、报告会，在青年学生中组织"民社"，在《正义报》上发表抨击国民党反动派的文章等。通过这些活动，他对国民党当局贪污腐朽、反动卖国的本质有了更深入的认识，对未来建设一个新中国充满期望。在昆明期间，寸树声仍十分关心流亡到昆的益群中学校友，组织成立了"益群校友会"，用益群中学留存在昆明的经费接济生活困难的同学，使其继续完成学业。

1944年9月14日，腾冲光复。不久后寸树声又回到家乡腾冲，一方面担任昆明兴文银行腾冲办事处主任；另一方面仍把主要精力放在恢复益群中学的教学上。参加民盟以后，他对国家的前途更加关心，思想上也更加进步，把学校公民课当作揭露国民党反动派、宣传新民主主义的课堂。在他的指导下，民盟的刊物《民主周刊》每期都在腾冲发行，《新民主主义论》《为人民服务》等革命书籍也进入了和顺图书馆，并在当地流传，《团结就是力量》《山那边是好地方》《金凤子》等进步歌曲也在学生和乡民中传唱。这些活动引起国民党特务的注意，几次欲清查和顺图书馆和益群中学，但都因有人通风报信而化险为夷。

寸树声还在益群中学秘密发展"民青"组织，并开展了反对"三青团"①腾冲支团的斗争，最后益群中学校友中有不少人加入了民青，而没有一个人参加三青团。寸树声还安排因在昆明参加"一二·一"爱国民主运动而被通缉的朋友到益群中学任教，并掩护中共地下党员、民主人士彭铮、李万华和杨一波等人，让他们经腾冲到缅甸，再从缅甸转到香港，最终从香港到达解放区。1948—1949年，共产党领导的"边纵"在云南一些地方十分活跃，寸树声也鼓励益群校友参加边纵游击队，并秘密为边纵募集药品和经费。1949年12月，解放军滇桂黔边纵七支队解放了腾冲，寸树声立即向支队领导表示："我愿意跟共产党走，你们到哪里我就到哪里。"

---

① "民青"是"中国民主青年同盟"的简称，是中共和民盟领导的青年组织。"三青团"是"三民主义青年团"的简称，为国民党所属的青年组织。

1949 年底，腾冲成立了临时人民解放委员会，寸树声被任命为主任，后成立了县人民政府，他又被任命为县长。新中国成立初期，寸树声在腾冲的征收公粮、维护社会稳定以及清匪反霸等方面做了许多工作。

四、云南大学副校长

1950 年 10 月，寸树声调任云南大学临时校务委员会副主任委员、经济系教授。他之所以会被调到云南大学，是因为他不但思想进步，是民盟成员，愿意跟共产党走，而且曾留学日本，在国内多所大学任过教，又亲自创办过中学，既有学术专长，又懂教育管理。他自己也向组织表示希望从事自己熟悉的教育工作。

云南大学是一所老大学，教学和研究的水平都较高，1946 年曾被《大英百科全书》列为中国 15 所著名大学之一。但 1949 年以后一直没有校长，只有一个临时校务委员会在管理学校。1951 年 10 月，中共云南省委决定由省政府副主席周保中[①]兼任云南大学校长，寸树声担任秘书长。由于周保中校长身兼多职，不可能在学校工作中投入很多时间，实际上就是由秘书长寸树声主持学校的日常工作。1957 年省委决定由文学家李广田[②]任云南大学校长，寸树声任副校长。对于组织的安排，他在一份材料中写道："一方面感激党对我的信任，同时也感到责任重大，远远超过了我的思想水平、政治水平和工作能力。"

寸树声在担任秘书长主持工作期间，就提出了"努力使学校走上正轨道路，建立制度；团结校内师生，改变过去对立散漫现象；树立学术研究

---

① 周保中（1902—1964 年），云南大理人，白族。杰出的抗日民族英雄、东北抗日联军创建人和领导人之一。新中国成立后，曾任云南省人民政府副主席、西南军政委员会政法委员会主任兼民政部长等职。1951 年 10 月—1957 年 5 月兼任云南大学校长。

② 李广田（1906—1968 年），诗人、散文家。曾任清华大学中文系主任、副教务长，1952 年任云南大学副校长，1957 年任校长。"文化大革命"期间，于 1968 年 11 月 2 日被迫害致死。

空气，树立为人民服务观点"等意见，体现了他的办学思想。担任副校长以后，他具体分管科研、总务和业余函授大学等工作。他认为高等学校只有开展科学研究才能提高学术水平，才能把学校办出特色，也才能提高教学质量，形成一支科研能力较强、学术水平高的教师队伍。20世纪60年代初，学校存在着"三多一少"的问题，即劳动多、社会活动多、教学多、科学研究少。针对这种情况，寸树声在1962年全校学术论文会上强调："要积极开展科学研究，促进教学质量和学术水平不断提高，要把现在已经达到的教学质量进一步提高到新的水平，关键还在于把教师已有的学术水平，进一步提高到新的水平，还在于进行科学研究。否则教学质量的提高将成为无源之水，不是流尽见底，就是停滞不前。"

为了能够更集中、深入地开展科研工作，他积极活动，努力争取，找经费、要编制、选人才，于1964年成立了"西南亚研究所""生态地植物研究室""物理研究室""云南少数民族社会历史研究室"等一批研究机构，有了一批专职的科研人员。学校的科研水平提高了，学术氛围浓厚了，科研成果也增多了，在全国性刊物上发表的文章越来越多，并且出版了一批学术专著。云南大学后来的一批重点学科，如生态学、物理学、民族学和国际问题研究等，就是在那一时期奠定了基础。

寸树声也非常关心学生的成长。在1961年6月一次全校学生大会上，他讲了几个有关学习方面的问题：（1）关于"红"与"专"的关系。"红"就是要同学们能领会马列主义、毛泽东思想的基本原理，掌握关于社会发展、关于革命和建设的基本规律；"专"是指业务而言，必须学好大学课程，学会和掌握大学所要求的专业知识和技能，"只专不红""只红不专"都是不行的；（2）书本知识和活知识的关系。只有书本知识，没有实际的东西是不行的。活读书，就不会变成书呆子。参加生产活动、科学实验，既验证了书本上的理论知识，也锻炼了实际工作能力；（3）师生关系。学校的教职员工为了把学生培养成又红又专的人才而辛勤劳动，作为学生应尊重这些劳动者。教师要爱护学生，传授给他们有用的知识，关心他们的思想和生活。学生要尊敬老师，认真地向教师学习知识。学校应成为亲如兄弟、父子的大家庭。他的这次讲话在学生中产生了很大的影响。

早在新中国成立前，寸树声就希望能够加入中国共产党。新中国成立后，他又积极向组织靠拢，多次表达了入党的愿望。1957 年 9 月，由李广田校长作为介绍人，61 岁的寸树声终于加入了中国共产党。实现了自己多年的愿望，他自然十分高兴和激动。然而，由于他是民盟老盟员，又是云南民盟省委的主要负责人，尽管现在入了党，组织上希望他仍继续以党外民主人士和党外知识分子的身份进行工作，而不对外公开自己的党员身份。所以，直到许多年后，云南大学的很多教职工和民盟成员都不知道寸树声是一位共产党员。

在一份 1964 年寸树声的"干部鉴定表"上，云南大学党委是这样评价他的："……对于主管的科研、总务及业余函授大学，认真负责，责任心强。有时在外事活动、统战工作很忙的情况下，也尽量抽出时间来抓工作。工作作风深入踏实，经常深入到养猪场、农场和有关科室了解情况，帮助干部解决问题……对人热情诚恳，群众关系好。在生活上不搞特殊，能以身作则……对做一个秘密党员的政治意义，近年来有了一定的认识。"

1966 年"文化大革命"开始后，有人认为寸树声经历复杂，尤其是在日本留学多年，还娶过日本妻子，有很大的日本特务和汉奸嫌疑，于是派人到北京、西安、武汉、重庆等多地内查外调，企图找到揪出寸树声的证据和材料。可令他们失望的是，所有的调查材料都证明寸树声当年是爱国和进步的，政治上和生活上是清白的。在遭到多次批斗和停止工作几年之后，1973 年 6 月中共云南省委对寸树声做出了"历史上没有问题"的结论，并批准他担任云南大学革命委员会副主任、中共云大革委会核心小组成员。

寸树声从 1950 年 10 月起担任云南大学临时校务委员会副主任、秘书长，1957 年 5 月开始任副校长，1973 年 6 月任校革委会副主任，直到 1978 年 4 月病逝，一共担任云南大学校领导达 28 年之久。可以说他为云南大学的建设和发展贡献了自己的整个后半生。

五、民盟云南省委主委

1947 年初，由于白色恐怖严重，云南民盟组织转入地下活动，成立了临时工作委员会，这种情形一直持续到新中国成立初期。当 1950 年 10 月寸树声调到云南大学工作后，时任民盟西南总支部负责人的楚图南①即与他取得联系，要求他参加民盟云南省支部临工会的工作，并担任副主委。1951年 8 月，民盟云南省支部建立了三个区分部，寸树声又兼任第一区分部（即大学区分部）的主委。从此，寸树声就满腔热情地投入了云南民盟组织的发展和建设工作。

新中国成立初期，云南民盟的一项重要工作就是建立健全组织，发展吸收新盟员。寸树声既是民盟大学区分部的主委，又是云南大学主持工作的秘书长，因此他把发展组织的重点放在云南大学，吸收了一大批新盟员。1950 年全校盟员还不到 20 人，到 1954 年便增加到了 63 人。这一时期加入民盟的云大知名教授包括：理学院的张其濬、杨桂官、王树勋、赵雁来、朱彦丞、王士魁、卫念祖、张福华、张燮、张瑞纶、顾建中、张永立、冯竞等，文法学院的杨堃、江应樑、张若名、赵崇汉、徐知良、张德光、张家麟、李为衡、傅懋勉、全振寰、王森堂等，医学院的杜棻、朱肇熙、蓝瑚、李念秀、刘崇智，农学院的段永嘉、徐永椿等，工学院的王源璋、谭庆麟、李振家、李梦庚、刘纯鹏等。可以说，当时云南大学的骨干教师中一大半都成了民盟盟员。

除了寸树声担任校领导外，1950—1966 年间的两任教务长王士魁、朱彦丞都是民盟盟员，1950—1956 年任总务长的张瑞纶也是盟员。此外，还有多位盟员担任各个系的系主任：卫念祖（数学系主任）、朱彦丞（生物系

①　楚图南（1899—1994 年），云南文山人。曾任暨南大学、云南大学、上海法学院教授。新中国成立后历任西南文教委员会主任、对外文化协会会长、民盟中央主席、全国人大常委会副委员长等职。

主任)、王树勋(化学系主任)、张其濬(物理系主任)、张德光(历史系主任)、杜棻(医学院院长)、段永嘉(农学系主任)、徐永椿(林学系主任)。20世纪50年代末院系调整之后云大共有8个系,其中5个系的系主任都是民盟盟员。这一时期,无论在学术方面,还是在行政方面,民盟成员都占了云南大学的半壁江山。

1953年4月,新中国成立后的民盟云南省第一次盟员代表大会召开,选举出了首届支部委员会,苏鸿纲任主委,寸树声、方仲伯、杨明为副主委。1956年4月,在民盟云南省第三次盟员代表大会上,民盟云南省支部改为了民盟云南省委,寸树声当选为盟省委主委,从此挑起了带领全省盟员为社会主义事业奋斗的重担。

1956年7月,结合学习周恩来总理《关于知识分子问题的报告》,贯彻党中央关于"长期共存、互相监督""百花齐放,百家争鸣"的方针,寸树声在民盟省委召开专门会议,动员盟员和所联系的知识分子响应党的号召,积极开展科学研究,充分发挥自己的专长。盟省委办了一本《向科学进军》的内部刊物,让大家互通信息,交流成果,开展学术争鸣。寸树声还组织盟内外专家、教授60余人赴开远、个旧等地参观访问,他自任参观团团长,推动知识分子开展社会实践,进行自我改造。同时,盟省委还组织昆明市大中学校的盟员举行专题报告会,请专家讲述"怎样上好一堂课""怎样学哲学"等。通过这些活动,大大活跃了学术空气,加强了盟员之间的联系和交流。

1957年的反右运动中,他虽然担任民盟云南省委整风领导小组负责人,但看到反右有扩大的趋向,他忧心忡忡,认为云南历来都比较闭塞,教育科学都比较落后,人才稀少,专家、教授本来就少,如果右派划多了,对云南文教、科学事业的发展极为不利。他和民盟的几位领导商量后,由杨明副主委向中共云南省委反映了这一想法。他们的意见得到省委领导的重视,采取了措施,保护了一批知识分子。在云南大学,当寸树声知道历史学家江应樑可能会被划为右派后,连夜找到江应樑,提醒他注意保护自己。

物理系主任张其濬被错划为右派后，寸树声继续从人力、物力上支持他进行"汉字自动排铸机"的研究和试验……

20世纪60年代初，中央对各种关系进行了调整，落实知识分子政策，调动大家的积极性。寸树声积极贯彻，多次召开座谈会，深入细致地做盟内和所联系的知识分子的工作，使一些在各种运动中受到伤害的人、情绪低落的人重新振作起来。为了支持他们开展工作，有的教授需要科研助手，需要经费，寸树声都努力为他们解决。这样，在云南的高等院校、科研机构和知识分子中，又一次出现了教学、科研和创作的热潮。

除了担任民盟云南省委主委和第二、三届民盟中央委员外，寸树声还担任了许多社会工作：1954年8月起当选为第一、二、三届云南省人民代表，还被选为全国人民代表大会代表；1955年2月起连续当选为第一、二、三届省人民委员会委员；1959年至1978年，担任第二、三、四届云南省政协副主席，第三、四、五届全国政协委员、常委。他常对家人和朋友说："党给了我这么大的荣誉和信任，我是无功受禄啊！"

"文化大革命"期间，已年逾70的寸树声也遭到了错误的批判和斗争，身心受到严重伤害，被迫停止了工作。但他更对国家和民族的前途感到忧虑，看到极"左"思潮泛滥，"四人帮"横行霸道、倒行逆施，他忧心如焚，精神压抑。当"文化大革命"后期邓小平出来工作后，他欣喜万分，连连说道："中国又有希望了！中国又有希望了！"1976年10月"文化大革命"结束，寸树声旗帜鲜明地参加了揭发批判"四人帮"的斗争，对国家实现社会主义现代化充满信心。1978年2月，在参加了第五届全国人民代表大会和全国政协会议后，他多次说："实现四个现代化，完全有把握。"

1978年4月1日，寸树声因病在昆明逝世，享年82岁。4月8日，云南省在云南大学礼堂隆重举行了追悼会，当时的全国政协主席邓小平、全国政协、中共中央统战部、民盟中央、教育部、中共云南省委、省革委都送了花圈。云南省政协副主席刘披云在代表组织所致的悼词中，充分肯定了寸树声为云南的统一战线和文教事业所做出的突出贡献。

　　1988 年 7 月，腾冲益群中学的师生、校友以及海外侨胞捐资在寸树声当年带领益群中学师生开挖的校内游泳池（现为荷花池）中修建了一个用他的名字命名的"雨洲亭"，以纪念这位对桑梓教育事业做出贡献的先辈。

　　1990 年 4 月，在益群中学 50 周年校庆之际，寸树声的子女按照他的遗愿，在民盟云南省委和云南大学代表的陪同下，将寸树声的骨灰护送回家乡腾冲和顺，开过隆重的纪念大会后，分别撒入了家乡的母亲河——大盈江和"雨洲亭"荷花池中，实现了这位著名的爱国民主人士、政治活动家和教育家把一生奉献给祖国和家乡土地的愿望。

（肖宪、寸炫）

落落大方心似镜

——记方仲伯同志

方仲伯

在了解中国民主同盟与云南大学的历史时，不能不提到这样一位非常重要的人物——方仲伯。方仲伯一生的经历极为丰富，充满了传奇色彩。他早年加入中国共产党，曾在延安抗日军政大学学习过；后来作为李公朴的秘书，他不仅加入了民盟，而且还参加了昆明的爱国民主运动。方仲伯还在云南地方办过学校，带领"边纵"打过游击，并且为云南边疆少数民族的团结做出过重要贡献。新中国成立后，他又同时担任云南大学和云南民盟的主要领导，对云南大学和云南民盟的发展都做出了重要贡献；1958年他被错误地打成右派，"文化大革命"中又吃尽苦头，但平反后仍初心不改，继续为党的统一战线事业努力工作。

一、早年入党参加革命

方仲伯，曾用名方树民，出生于 1910 年，老家在四川万县。读完中学后，他就离开了家乡，怀着爱国热情和反对封建、追求民主的意识，辗转来到了上海、江苏等地，后进入镇江的一个警察高等专科学校学习，毕业后便投入了革命洪流之中。他于1932年在北平参加了北方左联，曾听过鲁迅先生讲的课。1933年，方仲伯参加了共产党员吉鸿昌领导的抗日同盟军，在张家口一带与日军作战，他自己也于1933年7月加入了中国共产党。后因蒋介石采取不抵抗政策，抗日同盟军在军事上失利，队伍被打散，方仲伯也与党组织失去了联系，他曾到北平寻找党组织却没有找到。后来他在上海参加了文化界救国会，在此认识了李公朴，并在沈钧儒任董事长的正行女子中学教书。

上海沦陷后，方仲伯随上海救国会的同仁来到武汉。1938年2月，他找到八路军办事处，李克农、陈家康对他的情况详细了解之后，介绍他前去延安，进入抗日军政大学直属队学习，并于1938年10月重新加入中国共产党。在抗大直属队中，他还认识了来自云南的朱家璧、余卫民等人，后来他们又在云南边纵中一起战斗。方仲伯在延安前后共约五年时间，并在延安又见到了两次前来延安参观访问的李公朴先生，参加过李公朴组织的"抗战建国教学团"活动。从抗大毕业后，他于1939年秋天去山西敌后参加过游击战争。

1940年，中共党组织考虑到他的经历，选派他返回四川，以救国会秘书的身份通过各种社会关系了解四川地方实力派的动向，做地方实力派的工作，其间他的组织关系仍留在党中央，具体联系人是李克农介绍的王凯。此后，在相当长的一段时间里，他肩负党组织交代的任务，往返于成都、重庆等地，主要是以记者身份参加李公朴创办的"全民通讯社"工作。

1941年初"皖南事变"后，周恩来在重庆直接领导中共南方局，由于重庆的中共干部很多，为了执行在国统区"隐蔽精干，长期埋伏，积蓄力量，以待时机"的工作方针，决定疏散干部。周恩来把李公朴也当作党的干部看待，指派方仲伯做李公朴的秘书，并对方仲伯说，像李公朴这样的人，"国民党顽固派迫害他们，我们就要保护他们；他们的生活和工作没有人管，我们就要管。他们可以起到我们所不能起到的作用，那就是争取中间势力，包括中等资产阶级、开明士绅和地方实力派。现在还要他去做争取华侨和争取英美的工作"。从周恩来的这段话可以看出，方仲伯名义上是李公朴的秘书，其实是当他的助手和保护者。

为了保护李公朴和发挥他的独特作用，周恩来决定让方仲伯陪李公朴从云南前去缅甸仰光去做争取华侨的工作，并给他们送来了路费。李公朴也为此做了很多准备，带了许多报刊资料，计划在缅甸举办"中国抗日战争现状"展览会，创办一份《全民日报》和在当地恢复"全民通讯社"。但是他们到昆明后，由于滇缅公路被封锁，加上国民党外交部驻昆办事处又不给他们签发护照而无法去缅甸，李公朴和方仲伯便在留在了昆明。

二、加入民盟，与李公朴一起战斗

李公朴性格爽朗，为人热情，是一位社会活动家，到昆明不到两个月，凭借着很强的活动能力，就结识了不少进步知识分子和社会上层人士；不久后又组织起了一个"青年读书会"，并出版了《青年周刊》。1942 年 12 月，李公朴克服困难，靠自己的努力和友人郑一斋、艾志诚、杨春洲等的投资和帮助，在北门街开办了一家"北门书屋"，介绍和出售进步书刊，宣传革命理论和抗日救国思想，并在此基础上后来又建立了"北门出版社"。作为李公朴的秘书和助手，方仲伯也为打开局面做了很多工作。

1941 年 3 月，中国民主政团同盟在重庆成立。为了壮大自身力量，民盟决定发展地方组织。1942 年秋冬之交，民盟中央执委兼宣传部长罗隆基来到昆明，着手建立民盟的第一个地方组织。经过一段时间的酝酿筹备，于 1943 年 5 月成立了"中国民主政团同盟昆明支部"，最初只有为数不多的几名成员，包括罗隆基、周新民、李公朴、潘光旦、潘大逵和唐筱蓂等。但不久之后，一大批在昆明的知识分子和爱国民主人士先后都加入了民盟，其中包括楚图南、费孝通、吴晗、冯素陶、李文宜、闻一多、尚钺、李德家等人。方仲伯此时并未暴露其共产党员的身份，为了方便工作，也在1943 年底加入了民盟，是昆明最早的一批盟员。其实，当时除了方仲伯外，民盟中的楚图南、周新民等人也是中共党员。此外，早期的盟员中有不少都是救国会成员，方仲伯与他们也是故旧。

此时方仲伯的公开身份是私立建民中学的教务主任，同时兼做李公朴的秘书，开展统一战线工作。建民中学本部在滇南的建水县，所以他经常往返于昆明和建水之间。到后来，建民中学在昆明蓝龙潭开办了高中部，他便主要是在昆明教书办学。通过李公朴，他与楚图南、孙起孟、周新民、冯素陶、李文宜、杨春洲等人都建立了很好的关系，大家经常在一起交流思想、交换信息。

从 1942 年 9 月到 1946 年 7 月，方仲伯在重庆和昆明与"民主战士"李公朴一起工作和战斗了近 4 年时间。在这段日子里，他不但协助李公朴做了大量工作，而且对李公朴的人生理想、工作态度和爱国情怀有了进一步的认识，与李公朴的友情也越来越深厚，以至于数十年之后仍难以忘怀。方仲伯后来曾编写出版了《李公朴纪念文集》（1983 年）、《李公朴传》（1986 年）、《李公朴文集》（1987 年）等著作，发表过《李公朴在昆明》等多篇纪念文章，尤其是对李公朴遇难前后的一些情况进行了详细纪录和描述，是研究李公朴的重要资料。根据他的回忆，一本书中有这样的记述：

> 李公朴这时不仅已经感到问题的严重性，而且在思想上也做好了准备。7 月初的一个晚上，他的秘书、好友方仲伯劝他及时离开昆明。他说："他们要杀你，什么地方都一样。看情况，我已走不出昆明了。"他沉思了一下之后，突然问到："你是共产党员吗？"方仲伯问他为什么要问这个，他说："我相信你应该是的。如果你还不是，那我就更谈不到了。"他又沉思了一会儿，从办公桌抽屉里拿出一本《列宁主义问题》来，似乎是自言自语地说："时间已经迟了，我怀念延安。"他说到这里，突然把话题一转，

对方仲伯说:"知道我的人不少,真正了解我的人不多,我只希望共产党能了解我,我就心安理得……我的这个意愿,你是会理解的。"说到这里,他不禁泪水盈眶。最后,他陡然站起来说:"为了民主,我已经准备好了,两只脚跨出门,就不准备再进门!"①

三、滇南办学及开展武装斗争

早在 1942 年,方仲伯就在昆明认识了云南建水人刘宝煊。刘宝煊思想进步,早年曾留学日本,加入过支那共产党日本支部,回国后又当过建水临安中学校长、县教育局长,后来在建水办了一所简易师范学校,自任校长。刘宝煊邀请李公朴夫妇、方仲伯到建水和滇南地区参观考察,彼此之间建立了深厚的友谊。后来应刘宝煊之邀,方仲伯来到建水,协助刘将简易师范学校改成了私立建民中学,由刘宝煊任校长,方仲伯任教务主任,聘请的教师中有一些共产党员和民盟、民青成员;两年后,他们又在昆明蓝龙潭开办了建民中学的高中部。在此期间,方仲伯介绍刘宝煊加入了民盟。

李闻惨案发生后,方仲伯曾去重庆南方局汇报工作,并表示希望能返回延安,但董必武决定仍然让他回云南,准备开展武装斗争,并嘱咐他不要过早暴露身份。按照这一指示,方仲伯和刘宝煊便以建民中学为基地,传播革命理论,开展军事训练,建立武装力量。1948 年 3 月,由中共华南分局批准,方仲伯又介绍刘宝煊重新入党,并进行了宣誓。滇南革命武装斗争开始后,他们通过收缴地主枪支、收编地方武装以及依靠地方实力派的帮助,以青年学生和农民为主,于 1948 年 6 月建立起了"云南人民反蒋自卫军"第二支队。在党组织的领导下,这支队伍发展迅速,很快成了一

① 周天度、孙彩霞著:《伟大的民主战士李公朴》,群言出版社,2002,第 192 页。

支有数百人的武装。当时，为了不暴露身份，方仲伯化名"张培基"，外号叫"八字胡老张"。

1949 年 1 月，由中共领导的云南各地武装组成了中国人民解放军滇桂黔边区纵队（即"边纵"），方仲伯曾先后担任边纵七支队政委和九支队的司令员，当年他在抗大的同学朱家璧、余卫民，以及一起组织武装的刘宝煊、廖必均等人也都成为了边纵的领导人。在中国人民解放军四兵团进入云南之前，他们领导的边纵九支队就已基本解放了滇南的思普（即思茅—普洱）地区和西双版纳地区。在解放军四兵团十三军追歼国民党第八军和第二十六军的战斗中，边纵九支队又配合狙击，粉碎了国民党军残部逃窜境外的企图。

新中国成立后，方仲伯从部队转业到地方工作，先后担任过思普地区专员、省文教厅秘书长等职务。在担任思普地区专员时，他还领导和参与了著名的民族团结誓词碑的刻立。

1950 年 10 月，思普地区组织了 30 多人的少数民族观礼团前往北京参加国庆观礼，受到毛泽东主席等党和国家领导人的亲切接见。回来后，各少数民族的土司、头人、酋长们都表示要加强各民族之间的团结，消除历史上的仇恨与隔阂，并希望以刻石立碑的方式将此事记下来。方仲伯等地方党政领导立即给予了支持。1950 年 12 月 31 日，在举行了隆重的剽牛、喝鸡血酒等仪式后，竖立起了一块有 75 个字的民族团结誓词碑：

> 我们廿六种民族的代表，代表全普洱区各族同胞，慎重地于此举行了剽牛，喝了咒水。从此我们一心一德，团结到底，在中国共产党的领导下，誓为建设平等、自由、幸福的大家庭而奋斗！此誓！

石碑的落款是"普洱区第一届兄弟民族代表会议，公元一九五一年元旦"，后面是 48 人用汉文、傣文、拉祜文等的签名，其中也包括思普地委书记张钧和思普地区专员方仲伯等 7 位汉族人士。这块具有重要意义的民族团结誓词碑现在已成为全国重点文物。

四、担任云南民盟和云南大学领导

尽管方仲伯从 1943 年起就在建水等地办学及组织武装斗争，但仍一直与民盟保持着密切的联系，不仅发展了刘宝煊等人加入民盟，在建水建立了第一个民盟小组，而且还参加了民盟的许多重要活动。1948 年 1 月，中国民主同盟一届三中全会在香港召开，原民盟云南省支部的主要成员周新民、李文宜、冯素陶等作为中央委员出席了会议，而方仲伯、张默涛则作为民盟云南省临时工作委员会的代表参加了会议。另外，值得一提的是，方仲伯的战友也是他发展的盟员刘宝煊，于 1950 年 2 月从边纵转业到地方后，被组织安排担任民盟云南省支部临工会副主委，后来还担任过昆明市教育局长、市政协副主席，但不幸于 1953 年 6 月因病去世，年仅 43 岁。

根据组织的安排，方仲伯于 1953 年 2 月离开思普地区，前来昆明工作，被安排同时担任了民盟云南省支部副主委和中共云南大学党组织负责人。

1953 年 4 月，云南民盟召开了新中国成立之后的第一次盟员代表大会，明确了今后工作的基本方针和任务：配合国家中心任务，积极参加文教建设工作，加强盟员的思想改造和民盟基层组织的建设。大会选举了民盟云南省支部第二届委员会，苏鸿纲担任主委，寸树声、方仲伯、杨明为副主委。民盟组织还发展了一批新盟员，在副主委方仲伯的监督下，王源璋、江应樑、段永嘉、谭庆麟、吴乾就等 20 位新盟员，进行了庄严的宣誓。

新中国成立前，云南大学中共党组织一直处于地下的秘密状态，直到 1952 年 1 月才公开，当时只有 11 名党员，而且多数是学生，是昆明学校党总支下属的一个支部。当时中共云南省委交给方仲伯的一项任务，就是要筹备成立中共云南大学委员会。方仲伯来到后，先担任了两个月的临时党支部书记。1953 年 5 月，正式成立了中共云大总支委员会，方仲伯担任总支书记，李广田、周玺、和平、苏克、杨绍珠任总支委员。与此同时，学校还成立了一个负责行政工作的政治辅导处，方仲伯兼任主任。此后，直到 1956 年 6 月成立中共云南大学党委，云南省委派李书城前来担任党委书记为止，方仲伯担任云南大学党总支书记一共三年时间。因此，方仲伯也是新中国成立后云南大学的第一任中共党组织负责人。

1953—1956 年，方仲伯在云南大学的党组织建设、教学改革、院系调整等方面做了许多工作。到 1953 年成立党总支时，云大也只有 21 名党员，而到 1955 年 4 月，全校已有 343 名党员，由原来的 3 个党支部增加到了 21 个（包括 6 个临时支部）。他很重视在教师中发展党员，刚成立总支时，教师中只有几个助教是党员，而在 1956 年上半年新发展的党员中，就包括学术地位较高的附属医院院长梁家椿、物理系主任杨桂宫、农学院教授肖常斐等人。在 20 世纪 50 年代，受苏联影响，中国的许多大学进行了院系调整，云南大学的工学院、医学院、农学院先后被调整出去，成为独立的高校。方仲伯也参与了这项工作，当时昆明工学院的校址就是他与昆明市的领导一起选定的。

由于这一时期方仲伯同时还担任着民盟云南省委副主委，中共云南省委统战部便决定由他负责在云大开展民主党派的试点工作。他在原民盟云大区分部的基础上建立了云南大学民盟支部，发展了一批学术声望较高、思想要求进步的教授和副教授入盟，其中包括王士魁、张其浚、张瑞纶、赵雁来、王树勋、杨堃、朱肇熙、兰瑚、李念秀、张若名、徐永椿、卫念祖、张燮、张福华、顾建中、冯竞等，使云大民盟组织充满了活力，受到中共西南局的通报表扬。

方仲伯任云南大学总支书记期间，还有过一件让他难忘的事情。

1955 年 4 月中旬，周恩来总理赴万隆会议之前来昆明停留了几天，让省委统战部通知方仲伯带云南大学教授杨堃、张若名夫妇前去看他。那是一个星期天的上午，他们如约来到周总理下榻的震庄宾馆。杨堃夫妇与周总理是在法国的同学，彼此很熟悉。方仲伯以前在延安、重庆、汉口等地与周总理也见过面，但他担心总理不一定记得他了，然而周总理一见面就说出了他的名字，并且还提起他曾在"全民通讯社"工作的事。周总理与杨堃、张若名夫妇谈了一些在法国留学的往事，又询问了云大科系、专业和教师的情况，还留他们一起共进午餐。下午，周总理一行又轻车简从，没有事先通知地来到了云南大学，方仲伯陪同周总理看了会泽院、至公堂、数理馆、历史系办公室、学生食堂和教工宿舍等地，整整3个多小时。方仲伯对此非常激动，难以忘怀，后来在云大60周年校庆时写了一篇《忆敬爱的周总理来云大视察的时刻》的纪念文章，文末还写了一首诗：

> 漫步会泽院，一步一流连。巍巍大学府，"九五"何尊严。
> 岁月如梭去，山河换新颜。五十年代事，历历在眼前。
> 是非有公论，成败早断言。来日当可追，往者亦可鉴。
> 六十大庆日，桃李满西南。新老团结紧，迈步齐向前。

五、历经劫波　初心依旧

1956年，云南省委决定方仲伯到党校学习，一开始说是到中央党校，但后又说中央党校人满了，就让他在省委党校高级班学习。党校学习结束后，根据上级安排，他仍然回云南大学工作，担任云大图书馆馆长。

1957年，在全国范围开展了反右运动，但方仲伯侥幸躲过了这一关。但到了1958年，当全国反右运动已逐渐收尾时，云南却又搞起了反右补课，进入深挖党内右派的阶段，重点是反对"地方主义"，提出"要把地方主义、个人主义和右派一锅端"。这实际上反映了当时中共云南省委书记谢富治等人对云南地下党、边纵干部的不信任和采取排斥、打击的做法。他们无中生有地炮制了一个"郑敦、王镜如反党集团"（郑、王两人当时分别是中共云南省组织部部长和副部长），并要挖出郑、王的"各路诸侯"，拔掉他们安插在各地的"钉子"，于是许多地下党和边纵的干部被打成了右派。在这种情况下，先是方仲伯的爱人郭琇莹（时任昆女中党支部书记兼副校长）成了右派，不久之后，他本人也被打成了右派。后来，他们夫妇都被开除了党籍，分别被遣送到元江红光农场和昆明市二农场监督劳动。当时他们的三个孩子，老大8岁、老二6岁、最小的才1岁，都只好留在昆明由老保姆照管。

1978年的中共十一届三中全会后，方仲伯的右派问题得以平反，直到此时，他也才从档案中看到自己被打成右派的三条罪名：一、支持费孝通（时任民盟中央常委兼文教部长的费孝通曾于1956年8月在昆明与民盟云南省委座谈知识分子问题）；二、包庇杨维骏（时任民盟云南省委秘书长，因协助费孝通工作被划为右派）；三、利用向科学进军，为资产阶级知识分子鸣冤叫屈。这三条所谓的"罪状"正好说明了方仲伯是一个思想解放、为人正直、敢讲真话的人。另外，方仲伯还被指责犯有一个"很严重的错误"，就是他在云南大学工作期间"重盟轻党"，大力为民盟发展成员，而不为党组织发展党员。[①]

1961年秋，方仲伯被安排到玉溪中学任总务主任同时兼任历史教师。在"文化大革命"中，由于历史问题和右派身份，他饱受折磨；8岁的小女儿因病被耽误治疗而死去，妻子郭琇莹也在1971年因脑出血去世。一直到1979年，他的右派冤案才得到彻底平反，但此时他已经是一个70岁的老人了。中共云南省委根据他本人的意见，安排他担任了省政协常委、副秘书长，并兼任文史资料委员会副主任委员。在1980年2月召开的民盟云南省第六次代表大会上，他又再次当选民盟省委副主委，主委杨明和另外几位副主委杜棻、吴征镒、朱彦丞、王源璋、杨维骏以及秘书长高国泰，都是他多年前的老朋友、老战友。

在遭受了多年的摧残和迫害后，他的精神和肉体都受到了很大的伤害，晚年一直体弱多病，不是在医院就是在疗养院。但他却没有向疾病低头，也

---

① 说方仲伯"重盟轻党"并不属实。1952年1月云大中共党员只有11人，而到1956年11月云大的中共党员已发展到312人。见《云南大学志（第三卷）·党群志》，云南大学出版社，2003，第40页、55页。而同一时期，云大的民盟成员只从42人增加到70人。

不愿意虚度晚年。在 20 世纪 80 年代，他不但积极参加民盟和政协的各种活动，还先后编辑出版了《李公朴纪念文集》《李公朴文集》《滇南武装斗争》和多期《云南文史资料选辑》，撰写了自传《风雨履痕（1910—1987）》和多篇回忆文章。他结合早年的办学经验，成立了工业经济管理函授联大分校。他早年曾学习过世界语，此时倡议并组建了云南世界语协会，并担任协会的理事长。为了弘扬李公朴先生的革命精神，他四处奔走，为恢复"北门书屋"付出了很大的努力。方仲伯 1993 年中风后就半身不遂，但仍一直坚持在病房里看书写文章，最终于 1995 年 1 月 4 日去世，享年 85 岁。

方仲伯的一生是光明磊落、艰苦奋斗的一生，为云南的解放、建设和发展事业贡献了自己的全部力量。他在滇南参加武装斗争时的老战友、原中共云南地下党员唐登岷（后曾任中共云南省委统战部副部长、云南工学院院长）写的一首词《祝方仲伯鹤寿》（调寄"天仙子"），对他的一生作了很好的概括：

走北闯南奔革命，六十三年歌未尽。风霜雨雪过来人，有血性，步矫劲，落落大方心似镜。

桃李天涯蒙仰敬，倜傥交谊诚接应。壕中战友老愈亲，斜辉映，苍松挺，岁岁端阳增寿庆。

主要参考资料：

1. 方仲伯：《风雨履痕（1910—1987）》，德宏民族出版社，1995 年版。

2. 方仲伯等著：《滇南武装斗争》，云南人民出版社，1984 年版。

3. 《云南大学志·党群卷》，云南大学出版社，2003 年版。

4. 民盟云南省委编：《云南民盟史》，群言出版社，2020 年版。

5. 杨知勇："方仲伯"条目，云南大学校史网。

（肖宪）

一生求索　无怨无悔

——记李德家教授

李德家

一

李德家 1904 年出生于云南禄丰（盐井）一个殷实富庶的家庭，兄弟姐妹九人，四男五女，他在九人中是最小的。李德家的父亲李正荣曾做过云南省参议院议长；大哥李修家早年毕业于陆军保定学堂，参加过云南"重九起义"，曾任云南陆军讲武堂教官、云南警察厅厅长、昆明市市长等职；五姐李淑家是德国儿科博士，在昆明创办映慈医院，也是民盟盟员。1918年，李德家 14 岁时，父亲将他送到省城昆明的成德中学读书。他聪慧好学，勤奋用功，成绩优秀；毕业后进入北京大学补习学校继续学习，原指望能够升入北京大学。但当时军阀混战，局势动荡不定，他在北京停留不到一年，便返回了云南。既然国内求学困难，他与家人商议后，决定出国深造。

1924 年，20 岁的李德家远渡重洋，自费前往美国留学。到了美国之后，他才体会到在异国他乡求学的艰辛和困难；从当时还非常封闭落后的环境中，一步跨入了先进发达的资本主义社会，文化、习俗的巨大差异自不待言，学习和生活方面的困难也接踵而至。为了克服语言障碍，他先是进入华盛顿州的浦尔门中学补习英语，用了近两年时间，才算基本过了语言关。从 1926 年起，李德家先后在格林尼大学和俄亥俄大学肄业，最后才正式从芝加哥大学毕业。1930 年，他成为哥伦比亚大学的研究生，攻读政治学硕士学位，论文《十年来的裁军问题》通过后，获得硕士学位；他又接着在哥伦比亚大学研究院攻读博士学位，学位论文的题目是"巴勒斯坦委任统治制度"，后来顺利获得博士学位。

李德家的专业方向是"国际关系"以及"西方各国政府制度"。因此，1934 年获得博士学位后，他曾在美国卡内基和平基金会研究部短暂地做过一段时间的研究工作。卡内基和平基金会研究部是一个专门研究国际问题的学术机构，由于李德家的博士论文是关于巴勒斯坦问题，而该问题与欧洲犹太人密切相关，所以他被研究部派到欧洲调研犹太人问题，并写出了专题报告。此外，他还对美国的黑人等少数族群也做过一些调查和研究。1935 年秋，出于对家乡和亲人的思念，李德家回到了阔别 11 年的祖国。

回国后，经过一段时间的求职奔走，李德家在四川成都找到了工作，应聘到四川大学政治系担任教授，同时，他还先后兼任过成都陆军军官分校的政治学教授，成都金陵大学政经系的特约教授。他在这几个学校讲授的课程包括"中国外交史""世界外交史""欧洲近代史""国际公法"等。除了教书授课外，他还于 1936 年在西南社会科学研究所担任导师兼秘书长；后来又投身社会活动，参加过以张澜为会长的宪政促进会。

正当他的学术事业顺利发展，社会交往日趋广泛之际，家乡忽然传来消息，他的父亲和大哥相继去世了。李德家自幼受到父亲的关爱培育，对老父的感情很深，听到噩耗后痛不欲生，又念及大哥的熏陶培养，心情亦极为沉重。他感到无法再继续在川大执教了，遂辞去教职，于 1940 年回到了昆明。回昆之后，李德家承担起了振兴家业的重任，着手筹办昆明长江银行分行。银行开业后，他曾担任经理，由于家庭的社会地位以及广泛的人脉圈子，银行的经营和业务也还算不错。然而好景不长，由于董事会内部意见分歧，银行难以为继，后来只好停业。

二

当时，李德家本来也有机会从政进入仕途，但他生性随和，崇尚自由，不愿受管束，觉得还是教书做学问比较得心应手，于是，便于 1942 年进入云南大学政治系任教。当时因为该系四年级的"国际公法"及"外交史"两门必修课教学工作无人担任，而学生都要求开设，文法学院院长姜亮夫便辗转找到了李德家，同他商量说想聘他为特约教授。李德家答应先上一学年的课程看看再说，但是这一上，便一直上了下去。

这一时期，他对国民党政府的腐败无能感到十分厌恶，愿意与周围的进步人士接近和往来，因而认识了在云大法律系教书的中共地下党员周新民。他从周新民那里得到了毛泽东写的《新民主主义论》及《论联合政府》两本书，这是他第一次接触共产党人的著作，用他自己的话来说，"其论调充满了大中国的气度"，与蒋介石的《中国之命运》相比较，深感两者"不可同日而语"。再加上听到共产党军队艰苦抗日的事迹，渐渐使他对共产党产生了好感。李德家以前一直不愿意参加任何党派，但是与周新民一次长谈之后，他放弃了无党无派的想法，表示愿意加入当时刚在昆明成立的民盟组织，因为他知道民盟是一个进步党派，与共产党的关系非常密切。1943 年下半年，由周新民和当时也在云大政治系任教的潘大逵两人作为介绍人，李德家加入了中国民主政团同盟，成为云南最早的民盟盟员之一。

入盟后，李德家曾担任过民盟主办的《民主周刊》编辑委员，积极参加反蒋爱国民主运动，参加过各种争民主反内战的活动，因而受到国民党反动派的威胁和恐吓。他在昆明耳闻目睹了1945年底的"一二·一"惨案和1946年7月的李闻惨案，对国民党特务的暴行深恶痛绝。由于他多次为同事和朋友打探和传递消息，所以曾被特务跟踪窥视，不得不小心翼翼地生活在白色恐怖之中。1948年5月，一位留美同学来信邀他去新成立的私立海南大学任教，并聘他担任文理学院院长。于是，他便去到了海南大学，但是很快就因开除学生问题与校董事会发生了争执，再加上那里天气炎热，生活很不习惯，便借故返回了昆明，不久便辞去了海大的职务。他在海南大学一共只工作了3个月。

1948年8月，经熊庆来校长的介绍和安排，李德家再度进入云南大学，担任政治系教授兼系主任，从此之后他就再也没有离开云大。前后加起来，他整整在云南大学工作和生活了半个世纪。担任政治系主任后，他一面讲授"西方各国政府制度""国际关系"等课程，一面着手整顿教务，经过一年多的努力，政治系的师资、教学粗具规模。他努力向学校争取条件，提高教师待遇，维护教职员工和学生的利益，深得全系师生员工的称赞和拥护。当有些学生参加1948年的"反饥饿、反迫害、反美扶日"全市总罢课、上街游行请愿时，他一再叮嘱学生要注意安全，直到学生都返回学校后才放下心来。

1949年，解放军在战场上取得节节胜利，国统区一片混乱。蒋介石的嫡系部队陈兵昆明周围，云南省主席卢汉在昆明搞了所谓的"九九整肃"，云大校园里秩序混乱，人心惶惶。此时，学校让李德家代理文法学院院长一职，以整顿院务，安定人心。在会泽院的一次会议上，李德家慷慨陈词，批评蒋介石派军队包围昆明，同时又安抚教职员工，劝大家安下心来，要教师们都留下来继续教书，并表态说自己也不会离开昆明。其实，当时美国驻昆明领事馆的副领事罗斯是李德家的朋友，他完全可以通过罗斯的关系去美国，或者去台湾，但他决心留在昆明，因为他相信共产党也需要人才，也需要办好云南大学。

三

1950 年 2 月 24 日，云南解放。1950 年 2 月，李德家同昆明市民一起，高兴地参加了迎接解放军入城的仪式。他说："国民党倒行逆施，丧尽人心。卢汉和平起义是明智之举。共产党深得民心，天下一统，归共产党领导是大势所趋，民心所向。"为迎接解放，云南大学成立了教授、讲师助教、职员、工警、学生组成的"五联会"，李德家任副主任委员。他积极参与恢复学校的正常工作和生活秩序；看到新政府各级工作人员耐心细致、艰苦朴素的工作作风，使他"深感惊奇和佩服，感觉到同样是中国人，旧新相较，何如是之不同！"

新中国成立后的几年里，也是李德家心情最舒畅、工作最努力的一段时间。1950—1954 年，民盟成立了负责云、贵、川、康四省工作的西南总支部，李德家是云南的三位总支委员之一。1952 年 11 月，几年来一直处于地下状态的云南大学民盟组织公开，李德家作为最早入盟的云大教师，倍受人们的赞扬和尊敬。1956 年 2 月，他作为云南代表，前往北京出席了民盟第二届全国代表大会，并担任了民盟文教委员会的委员。在 1953 年的院系调整中，李德家从云大政治系调到历史系世界史教研组，讲授"世界近代史""社会主义国家史""西方政治制度批判"等课程。由于他上课时很注意仪表，备课认真，再加上他知识渊博，幽默风趣，讲的课很受学生的欢迎。许多年以后，一些学生回忆起来，仍然对此念念不忘。

然而，意想不到的灾难突然降临了。1957 年中共中央在全国开展整风运动，云南民盟为了响应党的号召，便请在高校较有影响的王士魁、李德家、江应樑等 6 位盟员教授在政协大会上做一次发言。6 人商议后确定由江应樑执笔写一篇发言稿，作为 6 位教授的联合发言。发言稿就高等院校的思想改造、院系调整、学习苏联、教育改革、党群关系等问题，提出了一些批评意见。6 位教授的联合发言引起了很大反响，许多人都认为讲得好，说出了大家想讲而又不敢讲的心里话。另外，李德家还参加了一次为民盟中央常委费孝通前来云南调查知识分子问题而召开的盟内会议，在会上谈了一些自己的看法。但是，在随后开展的反右运动中，罗隆基、章伯均、费孝通等都成了大右派；李德家也因为上述活动，受到了严厉批判，被称作是"章罗联盟在云南的代理人"。1957年底，李德家被划为右派，取消了教授资格和工资待遇，下放到宜良监督劳动。突然遭受了如此重大的打击，李德家一度消沉悲观，不知如何是好。但不久后他就振作了起来，一方面向组织汇报思想，检讨错误；另一方面在劳动中服从分配，主动干活，肩挑背驮，很卖力气。1959年，他回到云南大学，被安排在历史系资料室当管理员，这项工作他也做得很认真，把数千册图书管理得井井有条，为师生们提供了一个学习、研究的好环境。由于他表现不错，1960年9月被摘掉了右派帽子。

1966年"文化大革命"开始后，李德家免不了又受到一番冲击。造反派对他反复批斗，要他交代早年的"历史问题"。而李德家除了经常要参加政治学习、下乡或到农场参加劳动之外，也没有更多的事情可做。

四

"文化大革命"结束后，李德家又获得了新生。

1979年6月，他接到中共云南省委宣传部的通知，说1957年他"被错划为右派，现予以改正"，对他予以恢复政治名誉，恢复教授职称，恢复工资级别（教授四级）。而这一年，他已经是一位75岁的老人了。然而，再逢盛世的李德家心情舒畅，精神抖擞，不顾老之已至，表示希望能在有生之年继续为国家的现代化尽绵薄之力。在参加民盟组织生活时，他积极主动发言，对党的改革开放政策极为赞成拥护，说"只有改革开放，才能使中国富强、发展，改变遭受列强欺负的落后局面"；他也非常敬佩改革开放的总设计师邓小平。

在学校里，他曾于1977年被抽调参加云南地震史料工作组，与其他40多人一起，历时半年，查阅了500多部地方历史文献和档案、报刊、调查资料等，在研究和考证的基础上，编写出了《云南地震资料汇编》，于1988年正式出版。这部书籍对研究云南地震史非常有价值。1980年，他在历史系开设了"世界地区国别史"课程。1981年，云大恢复了法律系，由于师资不足，又将他从历史系调到法律系，讲授"比较宪法"等课程。20多年之后能够重返讲坛，他格外珍视这样的机会，备课讲课都十分认真。课间休息时，一些学生想看看他的讲稿，发现一页页全是用英文打字机打出来的，敬佩之心油然而生。

尽管李德家先后在历史系、法律系工作过，但他的专业是政治学，在这一领域里更得心应手；他参加了中国政治学会，担任过学会顾问，并多次参加全国性的学术会议。1984年，李德家已整整80岁，便向学校提出了退休申请。但这一年正好学校要申报政治学硕士学位授予权，需要他领衔与另外几位教授共同申报；于是，他不顾年高体弱，亲自设计填表，与国内的同行学者联系，顺利为云大获得了政治学硕士学位授予权。获得硕士授予权后，耄耋之年的李德家还招收和指导了一届研究生，为研究生开设了一门"西方政治制度"课程。但是，老先生也有一件深感遗憾的事，就是他一辈子未能著书立说。他对"西方文官制度"非常熟悉，收集了很多资料，也写了几万字的手稿，曾打算写一本专著，但岁月不饶人，终因年老体弱未能实现这一愿望。

李德家拥护并积极参与中国共产党领导的统一战线事业。他早在1943年就加入了中国民主同盟，是云南省最早的几位盟员之一。他先后担任过民盟云南临工会委员、民盟西南总支委员会委员、民盟中央文教委员会委员，1980年、1984年他还担任过民盟云南省第六届和第七届两届省委委员。在很长时间里，中国农工民主党在云南一直没有组织，直到1983年才建立了云南省支部。出于统一战线工作的需要，李德家1983年转入农工民主党，成为既是民盟盟员，又是农工民主党党员双重身份的民主党派人士。

1985 年 10 月，在农工民主党云南省第一次代表大会上，李德家被选为农工党云南省委副主委；在 1991 年云南省农工党第二次代表大会上，他又被选为名誉副主委。由于他的民主党派身份，李德家是云南省政协第一、四、五、六届委员。

1992 年 8 月 26 日，李德家无疾而终，享年 88 岁。在他的追悼会上，学校写的悼词称赞他"执教五十年，桃李满天下"，并说他"热心党的统一战线事业，是中国共产党风雨同舟的良友"。

主要参考资料：

1. "李德家"条目，《云南大学志（第十卷）人物志（三）》，云南大学出版社，2000 年版。

2. 云南大学：李德家档案。

3. 云南省政协文史委：《云南文史资料选辑——风雨同舟五十年》（第 56 辑），2000 年。

4. 民盟云南省委编：《云南民盟史》，群言出版社，2020 年版。

（肖宪）

一位不应被历史遗忘的女性

——记张若名教授

张若名

一、法国博士

张若名，1902 年 2 月出生于河北省清苑县温仁村，她的父亲张绍文和母亲张伯英身上打着深深的封建家庭的烙印。张若名 1916 年考入天津直隶北洋第一女子师范学校，与邓颖超为同班同学。1919 年五四运动爆发后，5 月 25 日，张若名与郭隆真等人发起组织了天津女界爱国同志会，张若名任评议部部长，邓颖超任讲演队队长。6 月下旬、8 月下旬和 10 月上旬，张若名 3 次作为天津进京请愿代表，到北京向北洋政府进行请愿斗争。9 月 16 日，张若名与周恩来等发起创办了天津五四运动的领导核心"觉悟社"。同年 12 月 10 日，张若名当选为天津中等以上学校学生会联合会评议委员会委员长。1920 年 1 月 25 日，各界联合会与学生联合会被查封。26 — 28 日，觉悟社连续召开三天紧急秘密会议，确定张若名等为代表再次请愿。29 日，周恩来、张若名、郭隆真、于方舟带领数千名爱国学生到省署门前请愿，四人当场被捕。张若名与 20 多名难友在狱中展开了绝食等一系列斗争，终于在 7 月 17 日全体获释。

觉悟社发行的第一期刊物《觉悟》，其中刊登了张若名以"六三"署名撰写的《"急先锋"的女子》，是中国妇女运动史上的一篇重要文章。张若名在出狱后回到清苑，封建家庭为了阻止她参加爱国运动，强行为她找"婆家"。她在觉悟社社员的支持下，冲破家庭禁闭，不辞而别，与封建家庭断绝关系。时年 18 岁的张若名正是以妇女解放先驱的姿态，投入五四运动，成为叱咤风云的人物之一。1920 年 11 月 7 日，在周恩来、刘清扬等人的帮助下，张若名与周恩来、郭隆真赴法勤工俭学。

1922 年上半年，张若名与郭隆真同时加入以赵世炎、周恩来、李富春等为首在巴黎组织的中国少年共产党。这是一个秘密的组织，每个成员都有一个化名，周恩来化名为"伍豪"，张若名的化名是"一峰"，郭隆真①的化名是"林一"。他们以学习为主要活动内容，成立了一个共产主义研究会，采用自学和互教互学的方式学习。张若名聪颖好学，法文进步很快，不久就能顺利地阅读马克思主义的法文书籍，所以她经常担任主讲人。在周恩来的建议下，她把小组会上的讲稿加工整理成两篇文章，即《阶级斗争》和《剩余价值》，发表在法国《赤光》半月刊上，这两篇文章还被油印成小册子供旅欧党团员学习。张若名与周恩来、郭隆真结下了非常深厚的友谊。

1923—1924 年，张若名、郭隆真迁到里昂协和饭馆楼上居住，她俩属于少共里昂支部，她们向里昂三丰工厂区华工做宣教工作。此间，张若名、郭隆真经常与天津创办《妇女日报》的邓颖超等人通信联系。1924 年 1 月底，张若名作为中共代表，参加了法共里昂支部召开的列宁追悼会，并在

---

① 郭隆真（1894—1931 年），河北大名人。中国共产党早期党员，北方妇女运动的先驱者和工人运动的卓越领导人，1931 年在济南被国民党杀害。

会上发了言，因此暴露了身份，受到了法国秘密警察跟踪盘查，险些被驱逐出境……

1924 年，张若名人生轨迹中出现了重大的转折。这年 7 月，周恩来奉调回国，郭隆真也于冬天到苏联学习。张若名为他们送行后，向组织提出申请，退出了少共组织——从此之后，她脱离了一切政治活动，在法国闭门读书。她之所以做出这样的选择，据有关资料说，主要的原因是她与当时少共组织在法国的领导人任卓宣发生意见分歧，而任卓宣工作作风专横粗暴，极大地伤害了她的自尊心。①

张若名 1924 年进入里昂大学文科听课学习，1928 年 2 月取得里昂大学文科硕士学位；接着攻读博士学位，她选择的博士论文题目是"纪德的态度"。1930 年 12 月，张若名在里昂大学文科通过了博士论文的答辩。安德烈·纪德是法国著名作家，1947 年获得诺贝尔文学奖。张若名把她的博士论文寄给了纪德本人。他不但阅读了她的论文，深深地被感动了，而且复信赞扬她对自己思想演变和作品含义的理解，他在给张若名的信中说："通过您的大作，我似乎获得了新生。多亏了您，我又重新意识到自己的存在。我确信自己从来没有被别人这样透彻地理解过。"张若名的这篇论文被里昂大学评为优秀论文，并获得了五百法郎的奖学金。1931 年法国鲍氏兄弟出版社出版了张若名的博士论文《纪德的态度》。

张若名 1923 年从巴黎迁到里昂后，经郭隆真介绍，认识了里昂中法大学的学生杨堃。杨堃于 1901 年出生于河北大名，与郭隆真是同乡，是 1921 年里昂中法大学在中国招收的第一批官费留学生，主修社会学和民族学。1928 年，两人确定了恋爱关系。1930 年 5 月 31 日，也就是杨堃通过博士论文的第二天，张若名与杨堃在里昂中法大学礼堂举行了婚礼。1930 年 12 月，也就是张若名通过博士论文答辩后，便和新婚丈夫杨堃离开里昂来到巴黎，从巴黎乘途经莫斯科和西伯利亚的火车回到了阔别 8 年之久的祖国。

---

① 王铁群：《张若名——一位不应被历史遗忘的人》，《党史纵横》2003 年第 2 期。

回国后，1931 年至 1948 年 4 月，张若名一直在北平中法大学文学院执教，讲授法国文学史和心理学，并在附中教授法文。杨堃则先后在北平大学、北平师范大学、中法大学、清华大学等高校任教。他们的大儿子杨在道后来在回忆母亲时说："她从来不谈自己的过去，不谈政治。我只知道她是教授，有学问，有外国朋友，天天给学生们上课。"

二、云大教授

1948 年 4 月，张若名与杨堃举家南迁到了云南昆明。这主要是因为当时云南大学校长熊庆来邀请杨堃前来担任云大社会系主任，杨堃是研究民族学的，云南是中国少数民族最多的省份，因此在专业领域大有用武之地。而张若名则觉得要去就一起去，她担心如果国共两党形成以长江为界的南北对峙局面，一家人就骨肉分离了。

张若名在云南大学中文系讲授文学理论、世界文学史、法国文学等课程，由于她知识渊博和精通法语，讲的课得到校方的充分肯定，也深受学生赞誉。新中国成立后，与其他留过学的知识分子相比，张若名较快地适应了新社会的秩序，她毕竟在青年时代信仰过马克思主义。她与北方的刘清扬[①]等老朋友恢复了联系后，发现自己太"落后"了。在刘清扬的推荐下，她于 1950 年加入了中国民主同盟（杨堃也于 1951 年在云大加入了民盟），而且她还不断申请重新加入中国共产党，因为在她的记忆里，当年她在法国加入并退出的组织就是中国共产党。她每年都要交一份入党申请书，思想转变的过程也越写越长，一次比一次深刻。她还常去听党课，去找自己的入党联系人汇报思想情况。她不仅思想上努力向党组织靠拢，连穿着上也积极向新时代靠拢，头发剪得很短，身穿列宁式上装，胸前还挂一个

---

① 刘清扬（1894—1977 年），天津人，1920 年到法国留学，1921 年加入共产主义小组，1944 年加入中国民主同盟，曾任民盟中央委员和妇女委员会主任。新中国成立后，历任政务院文化教育委员会委员、全国政协常委、河北省政协副主席、全国妇联副主席等职。

毛线织的钢笔套，看起来就像一个下乡搞土改的妇女干部，而不像一个留学回来的文学博士和大学教授。

这段时间，张若名不但心情很愉快，工作也很努力。1953年她在云南大学中文系建立并主持文学理论教研组，开出了"马克思主义文艺理论"课程；后来系主任刘尧民嘱托她，要她重点培养当时的4名助教张文勋、朱宜初、蒙树宏和郑谦，希望他们很快成为教研组中有才干的接班人。她每周定时采用"席明纳尔"（小型研讨会）等新的教学方式，为他们介绍和讲解法国与苏联等各国名家的文艺理论，长期坚持不断。

1955年4月的一天，云南大学党总支书记方仲伯接到云南省委统战部的电话，要他带张若名和杨堃第二天早晨到统战部长陈方家里去，具体是什么事情却没有说。第二天，当他们到了陈方部长家才知道，周恩来总理要见他们。大约半个小时后，张若名夫妇来到云南省委的接待处震庄宾馆，这是一个花园式的大院子。他们在宽敞的会客厅里只坐了一两分钟，周恩来总理就快步地走了出来。过了十几分钟，陈毅元帅也出来了。后来他们才知道，周恩来总理和陈毅元帅是参加亚非万隆会议之前秘密地经过昆明，并在此停留了几天。

见面后，周恩来代邓颖超向张若名致意。由于多年不见，相逢时大家感慨万千，在一起谈了很长时间，谈到在法国的许多往事。周恩来总理与杨堃还谈论了云南的民族问题，陈毅元帅则向张若名询问法国文学的一些问题。陈毅元帅去过法国，而且酷爱法国文学，谈论这个话题时兴致勃勃。周恩来总理还问张若名是否愿意回北京工作，而张若名觉得在云南大学教书很适意，便没有向周总理明确表示返京的意愿。①

据杨堃回忆，这次会面持续了5个小时，周恩来总理还留他们吃了中饭。

这次会面一两个月后，张若名夫妇收到刘清扬从北京寄来的一封信，信中说：受周总理和邓颖超委托，转达他们邀请张若名夫妇到北京工作的

① 阿庚：《曾被历史湮没的张若名》，《文史精华》2011年第4期，第48页。

意思。杨堃回忆说："我记得对张若名的工作安排得很具体：外交部外文秘书，主要接待讲法语的外宾，同时兼全国妇联的法语翻译，我到北京大学当教授。我很高兴，张若名却不大高兴，她不愿离开学校去搞接待工作。于是这件事就放下了。"

在那几年里，张若名多忙于学习，以求转变思想观点立场，很少写作。这次和周恩来总理会面，使她受到很大的鼓舞，干劲倍增，很快就写完了新中国成立后她的第一篇学术论文《欧洲旧现实主义的成就和缺点》。她把文章拿到教研组公开讨论，根据朱宜初、郑谦等人提的意见稍加修订，发表在了 1956 年《云南大学学报》第 1 期上。紧接着在 1957 年，张若名又在云南大学《人文科学》杂志第 1 期上，发表了一篇更加成熟的文章《试论文学中典型性的创作过程》，从哲学和逻辑学的角度，从逻辑思维和形象思维的辩证关系，讨论了典型性创作的理论。

三、梦断盘龙江

20 世纪 50 年代中期，中国的政治运动一个接一个。在思想改造、反胡风等运动中，张若名都努力学习文件，领会精神，并联系个人的思想情况，积极主动检查，批判自己的旧思想，认真写学习心得，开会踊跃发言。杨堃后来回忆说："解放后，在历次政治运动中，我俩全是学习积极分子……她（张若名）对党的号召步步紧跟，毫无保留地投身于党的各项革命运动。"

1958 年初，张若名被列为中文系的重点"帮助"对象。过去历史条件下产生的决定和一些客观发生的事实，成为被批判的"作据"。长达两三个月的批判、"帮助"，超出了她的精神承受能力；这段时间，她茶饭不思，彻夜难眠。

1958 年 6 月 18 日上午，系里开批判会，当张若名得知下午还要继续开批判会，而且还要继续加温，她倍感绝望，也倍感耻辱……学校后门拐弯不远处是一片村庄，那里有一条河（即昆明人称的盘龙江）。这天中午，张若名走出学校后门，投河身亡，时年56岁。

1980年11月，中共云南大学委员会做出了《关于张若名同志的政治历史结论》，追述了张若名积极参加五四运动和在法国加入少共组织的情况；关于她的脱党问题，《结论》说："1924年，张若名同志在法国参加列宁逝世纪念大会，被法国警察跟踪、讯问。这时，张若名同志又与当时支部负责人任卓宣发生意见分歧，在这种情况下，张若名同志经向组织申请后，由组织同意其退党。退党后，未发现张若名有任何出卖党组织的行为。"《结论》在谈到张若名的死因时说："在1958年云南大学的'交心'运动中，由于没有严格执行党的政策，对张若名同志施加种种压力，以致造成了张若名同志不幸溺水而死的严重后果。"最后的结论是："经复查，张若名同志一生为革命、为人民做了许多有益的工作，政治历史清楚，无重大政治历史问题。"

中国民主同盟随后亦恢复了张若名的盟籍。

主要参考资料：

1. "张若名"条目，载《云南大学志·第十卷：人物志（一）》，云南大学出版社，2000年版。

2. 杨在道编：《张若名研究资料》，中国妇女出版社，1995年版。

3. 王铁群：《张若名——一位不应被历史遗忘的人》，《党史纵横》2003年第2期。

4. 桑农：《失行孤雁逆风飞——激进与自由之间的张若名》，《书屋》2010年第2期。

（肖宪、刘学军）

轻看浊流心自恬[①]

——记杨维骏先生

杨维骏

　　说到云南大学的民盟先贤，绝大部分都是云大的教师，但也有一个人在云南大学读书时就参加了民盟的活动，毕业后正式成为民盟成员，在随后的几十年里一直与云南大学保持着密切的联系，他就是曾任民盟云南省委副主委、云南省政协副主席的杨维骏。杨维骏从青年时代加入民盟后，一辈子都没有离开民盟。他没有进过民盟以外的任何工作单位，即便在省政协担任副秘书长和副主席，也是以民盟代表的身份前去工作的。几十年来，他见证了云南民盟的曲折发展，与云南民盟组织的命运休戚与共，是一个不折不扣的"民盟人"。

---

　　① 标题引自杨维骏自己写的一首诗："冬去春来往又还，沉浮世上哪能完。人生百岁如弹指，轻看浊流心自恬。"

一、青少年时代

杨维骏是云南昆明人，出生于 1922 年 2 月，是家中最小的孩子，上面还有两个姐姐和两个哥哥。其父杨蓁是滇军将领，早年曾加入同盟会，辛亥革命时参加了云南的重九起义；曾任滇军第三卫戍司令、第三军混成旅旅长以及孙中山大本营参谋长等职，被授予陆军中将军衔。1925 年 6 月，杨蓁被另一滇军将领范石生派人刺杀身亡，时年仅为 36 岁。其父遇害时，杨维骏只有 3 岁，两个哥哥一个 7 岁，一个 5 岁。为了避祸，母亲带着他们姐弟 5 人迁居上海，一直到 1937 年全家才又重回昆明，杨维骏的青少年时代都是在上海度过的，因此他后来一直把上海称为自己的"第二故乡"。他在上海南洋模范中学附小和初中读了 9 年书，15 岁时和全家一起经香港、越南回到云南。

回到昆明后，杨维骏进入了当时最好的云南大学附属中学读高中。此时全面抗战已爆发，昆明虽然是大后方，但也时常遭到日军飞机轰炸，云大附中疏散到了离昆明 100 多千米的石林县。这里虽然交通不便，生活也较清苦，但山清水秀，环境幽静，是读书学习的好地方。在云大附中，杨维骏遇到过一些很不错的老师，如教历史的楚图南、教语文的冯素陶、教物理的杨桂宫和教数学的朱德祥（前三人后来都是民盟盟员）。在上课学习之余，学生还创作一些宣传抗日救亡的诗歌、出散文墙报、编排抗日救亡的话剧，很受同学们和当地民众的欢迎。

1939 年杨维骏在路南读高三时，他家里发生了一件大事。这年 3 月，他的大哥杨维骞（21 岁）和二哥杨维襄（19 岁）偷偷购买了手枪并加以练习，要刺杀范石生，为父报仇。此时范石生已退出军队，在昆明行医。杨家兄弟两人打探好范的行踪后，将范枪杀在昆明街头，然后向警察局自首。此案在昆明轰动一时，不少人认为杨家兄弟替父报仇，是两个孝子，希望能从宽处理；再加上此时范石生已无权势，没有多少人为其说话。审判时，虽然双方都请了律师，但最后只判了杨维骞9年半监刑，判了杨维襄2年监刑缓刑3年，而且，杨维骞入狱1年后即获得特赦。17岁的杨维骏从学校请假回家，目睹了此事的处理，也因此了解了当时社会的黑暗和险恶。

高中毕业后，杨维骏曾想报考军校，但因眼睛近视不合格，未能如愿；后报考云南大学农学院被录取。但在农学院读了一年后，他发现自己对农学没有兴趣，便申请转到了政法学院政治系。当时云南大学的学生大致可分为三类，一类是思想"左倾"，对国民党政府压制民主、消极抗日不满的进步学生；一类是拥护蒋介石和国民党政府，反对共产党和进步力量的右翼学生，多为三青团员；还有一类即是埋头读书，不过问政治，两耳不闻窗外事的中间派学生。杨维骏认为，他和他的几个好友莫翰文、丁维铎、蒋阜南、孙致和等都属于第一类，即进步学生，因此常常与右翼学生发生冲突。

1943年，杨维骏等一批学生联名向学校提议成立云南大学学生自治会，并称自治会的宗旨是促进同学之间互相砥砺学习，培养良好的读书风气。看到草拟的自治会章程后，校长熊庆来便同意了。经过事先的动员和准备，在选举学生自治会干事委时，所有当选的干事都是进步学生和个别中间派学生，没有一个三青团员，杨维骏被选为总干事，也就是学生自治会主席。这就为进步学生在云南大学开展抗日爱国民主运动创造了条件。

二、参加爱国民主运动

云大学生自治会成立后，除了做一些关心学生的学习和生活的事情外，更主要的是组织开展一些政治性的活动。其中一项重要的活动就是邀请校内外有影响的学者、教授来校演讲，先后请了罗隆基、林同济、潘光旦等前来演讲，听众不仅有云大的学生，还有西南联大、中法大学的学生。罗隆基是通过校内的盟员教师请来的，主要是谈论时局，分析抗战形势；他在讲演中激烈抨击国民党当局消极抗战，压制民主。杨维骏等一帮学生觉得罗隆基胆大无畏，敢于直言，而且言之有据，切中时弊，听后都深受鼓舞，非常兴奋。他们热烈讨论后，连夜赶写了一份未署名的大字报，提出停止内战，取消一党专政，实行民主，开放言论、出版自由，成立抗日联合政府等。大字报贴在学校会泽院大厅墙上，在学生中引起了强烈的反响，但也引起了右翼势力的注意和不满。

不久后，学生团体又联合在至公堂组织了"七七事变"七周年时事座谈会，请了包括熊庆来校长在内的许多教授参加。师生们在发言中批评国民党当局抗战不力、官吏贪污、物价飞涨、民不聊生、言论不自由等，要求停止内战，一致抗战，实行民主，座谈会开得很热烈。1944年6月，美国副总统华莱士前来中国访问，被安排到云南大学演讲。学生自治会用英文写了一封信，向他反映国民党政府抗战不力，专制独裁，压制民主，希望美国支持中国的抗日民主运动。当华莱士演讲完正要离开时，一个学生追上去将信交给了他的随从人员，校内的国民党、三青团想阻止也来不及了。

1944年10月，云南民盟在昆华女中组织了一个纪念"双十节"大会，宣传抗日和民主，大、中学生和各界群众约5000人参加大会。李公朴主持大会，闻一多等人发表演讲，杨维骏负责组织云大学生自治会维持会场秩序。大会开始后，大批国民党特务便进行捣乱破坏，故意在人群中推挤，制造混乱，使大会难以进行。杨维骏看到对方人多，无法与之对抗，便跑到不远处的大东门城楼上请云南宪兵来帮忙。宪兵连长问，这个会是否经过龙主席批准？杨谎称说是龙主席批准的。宪兵连长就派一些宪兵持枪跟随杨维骏来到会场。这样一来，大会才得以顺利进行，并通过了要求国民党政府停止军事摩擦、一致对外、结束一党专政、成立联合政府、开放言论、出版结社自由的宣言。

杨维骏等人开展的抗日爱国学生运动受到了民盟组织的关注。1944年11月，云大政治系讲师、民盟成员陆钦墀来动员杨维骏、莫翰文、丁维铎三人加入民盟，三人欣然表示同意，并按通知去到罗隆基的住处进行了宣誓。但几天之后，陆钦墀却又告诉他们，民盟章程规定，不能吸收在校大学生入盟，只有等他们毕业以后再加入，但可以先加入"民主青年同盟"（即民青，也是中共和民盟的外围组织）。于是，他们便加入了民青。

1954 年 5 月 4 日，是五四运动 26 周年纪念日。中共地下组织和民主力量决定举行大规模的集会游行。为了防止右翼势力的捣乱破坏，云大、中法大学和联大三校的学生自治会开会推举杨维骏代表三校学生去见省主席龙云，希望他约束地方军警，不要与学生发生冲突。龙云不但答应约束军警，而且还同意派宪兵维持秩序。于是，五四纪念大会在云大操场顺利举行，参会师生还走出学校上街游行。宪兵警察沿路警戒，国民党驻军和特务都未敢前来捣乱。

1945 年 7 月，杨维骏从云南大学政治系毕业，随后便正式加入了民盟。入盟以后，他协助民盟云南支部组织委员冯素陶做了一些组织发展方面的工作。1946 年 7 月李闻惨案发生后，昆明白色恐怖严重，杨维骏先是到大理、鹤庆等地躲避了一段时间，后又利用陪其母到上海治病的机会，在上海住了一年多时间，直到 1948 年底才回到昆明。

1949 年 1 月，民盟云南临工会派杨维骏前往香港向民盟中央汇报工作。在香港，经民盟中央负责人周新民联系，杨维骏见到了中共华南分局书记方方。方方给他们分析了形势，并说如果有条件，可以做做卢汉的工作，策动他走起义的道路。杨维骏返回昆明传达了这一指示后，民盟云南临工会决定将策动卢汉起义，迎接云南解放作为一项重点工作，并组成了策反工作小组，由杨维骏任组长。杨维骏利用自己的社会关系，几次见到卢汉，并与之交谈，希望他放弃对蒋介石的幻想，起义投向人民，对卢汉产生了一定的影响。但在此过程中，卢汉的态度动摇，行为反复，甚至还发动了所谓的"九九整肃"，逮捕民主人士，封闭进步报刊，参与围剿边纵。然而，在解放军大兵压境的情况下，12 月 9 日，卢汉还是宣布了起义，云南得以和平解放。这当然主要是由于形势所迫和中共方面长期努力的结果，但杨维骏代表民盟做的策反工作也发挥了一定的作用。

三、被打成右派

新中国成立后，云南民盟临工会在 1950 年 2 月进行了调整，老盟员苏鸿纲担任主委，杨明、刘宝煊任副主委，杨维骏担任组织部长。不久后，杨维骏参加了省里组织的工作队，到石林县开展减租退押工作。1950 年底，云南省第一次各族各界人民代表会议召开，杨维骏作为民盟的代表，被安排担任省政协副秘书长。1951 年 9 月，他作为云南省政协的代表到北京参加了政协工作会议，聆听了当时兼任全国政协副主席的周恩来总理的讲话。

在 1953 年 4 月召开的云南民盟第二届代表大会上，杨维骏当选为民盟省支部秘书长兼组织部长，在此后的几年里，他为民盟的发展，尤其是各大学民盟组织（区分部）的建立和吸收新盟员做了很多工作。1956 年 4 月，民盟云南省第三次盟员代表大会召开，民盟云南省支部改成民盟云南省委员会，寸树声当选为盟省委主委，杨维骏当选为秘书长，负责盟省委的日常工作，不再兼任组织部长。从 1950 年到 1958 年，杨维骏仍一直兼任省政协副秘书长。

在 1957 年的反右运动中，许多人因响应上级号召，在"大鸣大放"中提意见，最后被划成了右派。杨维骏尽管没有参加"大鸣大放"，也没有提什么意见，但后来却也被划成了右派，这是由于他曾陪同和协助"大右派"费孝通在云南调查知识分子的情况。

1956 年初，党中央号召全国向科学进军。这年 8 月，民盟中央常委费孝通受周恩来总理委托，以国务院专家局副局长的身份前来云南进行关于知识分子问题的调查。经中共云南省委同意，费孝通来到民盟云南省委，传达了中央号召向科学进军的重大意义，说明了前来云南调查知识分子问题的重要性。杨维骏作为盟省委秘书长，积极组织盟省委机关的几位干部协助了这次调研。

费孝通在杨维骏等人陪同下，重点对云南的高等院校开展了调研，同时也用一定时间对中小学和文化界进行调研。杨维骏等人在随同费孝通调研的过程中，也学习费孝通所采用的调查方法，撰写了关于云南高等院校和中小学校知识分子问题的两篇调研报告。调研结束后，省委宣传部召开了各高等院校党委书记和校长座谈会，费孝通在会上就知识分子问题谈了自己的看法，也谈了通过调研对云南高等院校工作的意见。云南省委宣传部长、统战部长对此次调查工作给予了高度评价。费孝通在云南的调研取得了圆满成功。

然而，在不久后开展的反右运动中，费孝通却被打成了"大右派"，他在云南的调研活动也成了"与党争夺知识分子"的罪行。民盟云南省委根据上级要求协助费孝通进行调查的工作，也被说成是"反党反社会主义"活动，一些参与这项工作的云南盟员，也随之被划成了右派。1958年2月，云南省委决定给杨维骏戴上右派分子的帽子，并给予从行政13级降为18级的降级降薪处分，但保留了他民盟省委委员和省政协委员的身份。

尽管被划成了右派分子，杨维骏感到幸运的是，有关部门并没有让他离开昆明，只是让他留在政协机关接受群众监督劳动。被划为右派后，杨维骏虽然受到了沉重打击，但他也正好在此时结了婚，并先后有了一女一子，家庭生活的温暖，缓解了他心中的彷徨和苦闷。由于表现不错，到1960年11月，杨维骏被摘掉了右派分子帽子，安排担任省政协调研科副科长，同时作为政协委员，他仍可以享受一些困难时期的特殊食品供应。

这一时期，在参加政治学习和体力劳动之余，杨维骏还看了不少书，对云南历史上的一些问题产生了兴趣，便到图书馆查阅史料，进行考证和研究。他先后研究了清末大理回族起义首领杜文秀、中国古代的生产工具、古代历史的分期、近代史中的辛亥革命与护国运动等问题，写了一些学术文章，其中有的还公开发表了。对于处于逆境中的杨维骏来说，这真可谓是"失之东隅，收之桑榆"。

四、反腐愚公

1978年拨乱反正、改革开放后，杨维骏的右派问题得到了彻底平反。1980年，他不仅恢复了省政协副秘书长的职务，而且在云南民盟第六次代表大会上还当选为盟省委副主委；1983年又当选第六届全国人大代表。1985—1993年，杨维骏还作为云南民盟的代表性人物担任了云南省政协副主席，达到了他政治生涯的高峰。1993年，他从省政协副主席岗位退下来后，又继续担任了一届民盟云南省委副主委，直到1998年离休。

他与云南大学有不解之缘，不但他自己在云大读书，在云大参加民盟，多年来一直与云大保持着密切的联系，而且几十年后他的儿子又考进了云南大学，毕业于云大地球物理系；而他的女儿也嫁给了一位云南大学领导的儿子。

杨维骏的性格执着、倔强，为人耿直，疾恶如仇，不畏惧权威，也不随波逐流，这突出地反映在他晚年的几件事上。

一件是所谓的"公车上访"。2010年12月，89岁的杨维骏坐着省政协配给他的奥迪专车，带着12名昆明韩家湾村的失地农民代表到省政协和国土资源厅上访，反映问题。此事经媒体宣传后，引起了许多人的关注，有人称赞他"为民请命""古道热肠"，是"最可爱的官员"，但也有人说他是"作秀""故意找麻烦"。而杨维骏自己却说，他是觉得"失地农民太可怜了"，他们的耕地被征用，房屋被拆除，征地款却拿不到手，安置房也没着落；他们不断到省、市、区反映问题，却被"踢皮球"，事情毫无进展。为了核实情况，杨维骏曾到实地去考察过。有人说他开着政府配的车带农民上访不合适，但他却反问："配给我的公车难道只能用来游山玩水，不能用来搞调查研究，为民请命？"

另一件事是他多年坚持不懈的，就是举报他认为有问题的官员。2008年，杨维骏了解到价值数千亿元的国有兰坪铅锌矿被一家私营企业以10亿元就控制了 60% 的股权，而当时云南省省委书记白恩培与这家私营企业的老板关系密切。核实了有关情况后，杨维骏便开始向有关部门反映这一问题。在没有结果的情况下，他又将掌握的一些材料交给一家媒体，发布在了网络上。2013 年夏天，杨维骏想趁去北京治疗眼疾的机会直接向中纪委举报。尽管经历了一波三折，91 岁的杨维骏最终还是去到了北京，亲手将举报材料交到了中纪委信访办。中纪委的一位干部接待了杨维骏，并赞扬说，他的举报有三个突破：一是年龄最大，二是职务最高，三是完全不是为自己。在杨维骏等人的持续举报下，中纪委经过认真调查，最终，已经离开云南、在全国人大环资委任职的白恩培于 2016 年因巨额贪腐落马，被判死缓，并规定缓刑期满改为无期徒刑后，不得减刑，终身监禁。

除了白恩培，杨维骏还举报过其他一些有问题的领导干部。省级离休干部的身份虽为杨维骏反腐提供了便利，但有时也会成为他反腐的障碍，因为别人就知道应该如何提防他。杨维骏自己不会用电脑，不会打字，也不会上网，所有的材料都是用手写，然后再请人录入电脑，打印成书面文字。为了将一些内容发布到互联网上，他甚至还让女儿帮他注册了一个名为"直言"的微博账号。2011 年他与贪官"死磕"的事迹在网上传开后，一些人称他为"反腐斗士"，也有的人称他为"反腐愚公"。

杨维骏虽然生性执拗，但却不古板。他喜欢京剧，能拉会唱；他还喜欢跳交谊舞，而且水平相当不错。他的身体一直很好，到 90 岁时仍坚持每周游泳一到两次，所以直到晚年仍耳聪目明，思维清晰。但毕竟岁月不饶人，2020 年 6 月，杨维骏因感冒引发肺炎在昆明逝世，享年 98 岁。来参加追悼会的人很多，会场上有这样一幅悼念他的挽联——"克己奉公两袖清风，光明磊落一身正气"，表达了对他无私无畏坚持举报反腐行为的赞扬。

主要参考资料：

1. 民盟云南省委编：《云南民盟史》，群言出版社，2020 年版。

2. 杨维骏：《一生荆棘志不衰——杨维骏自传》，未发表文稿。

3. 杨维骏：《回顾抗日战争时期云南民盟的活动》，《云南文史资料选辑》（第30辑），1990年。

4. 有关网络资料。

（肖宪）

1943—1966 年云南大学盟员简介

一、1943—1949 年加入民盟的云南大学师生简介
（27 人，以姓氏笔画为序）

1. 丁维铎
2. 寸树声
3. 王赣愚
4. 方仲伯
5. 冯素陶
6. 光未然
7. 朱驭欧
8. 全振寰
9. 李德家
10. 杨白仑
11. 杨怡士
12. 杨维骏
13. 吴　晗
14. 吴征镒
15. 吴持恭
16. 吴富恒
17. 陆钦墀
18. 陈复光
19. 范启新
20. 尚　钺
21. 周新民
22. 赵　沨
23. 赵崇汉
24. 姜震中
25. 费孝通
26. 楚图南
27. 潘大逵

注：这一时期加入民盟的云大（及云大附中）教职员还有王履信、段复光、张警、杨静娴、罗光心、张振明、杨昭、徐守廉等人，以及学生多人。

1. 丁维铎

丁维铎（1921—1971 年），云南鹤庆人。1941 年考入云南大学政治系，读书期间，积极参加抗日爱国民主运动，1945 年 1 月加入民主青年同盟，1945 年 10 月加入中国民主同盟。1947 年 2 月，任民盟云南地下临工会委员，以泸西师范学校教务主任的身份开展活动。1949 年春，赴滇东北参与改造反蒋地方武装"西南人民革命军"。1950 年任民盟云南临工会委员、宣传部长。1953 年 3 月，受临工会派遣，在大理成立民盟区分部并担任主任委员。1956 年后，历任民盟云南省委宣传部长、秘书长，并兼任昆明市文化局长和市政协秘书长；云南省政协第二、三届委员。"文化大革命"中受到迫害，于 1971 年去世。

2. 寸树声

寸树声（1896 年 10 月—1978 年 4 月），云南腾冲人。1918 年赴日本留学，在东京师范大学毕业，又考入日本九州帝国大学经济系，获经济学学士。"九一八事变"后回国，任北平大学法商学院副教授兼校长室秘书等职。1937 年任西北联大法商学院经济系教授兼系主任。1939 年回到云南，在腾冲出任当地益群中学校长、图书馆馆长。1949 年 12 月，出任腾冲县人民政府县长。1950 年 10 月，调任云南大学，任临时校务委员会副主任委员兼经济系教授、学校秘书长，后任主管科研和日常行政工作的副校长。担任过农业经济学、哲学、政治经济学等课程的教学工作，编写了《农业经济学》《经济政策》等讲义。

1944 年 12 月加入中国民主同盟，后曾任民盟云南大学分部主委；民盟云南省委副主委、代主委，第二、三、四届主委；民盟中央委员会委员。1956—1978 年，担任云南省政协第一、二、三、四届委员会副主席和全国政协第三、四、五届委员会委员、常委。1957 年 9 月加入中国共产党。寸树声为中国共产党领导的统一战线事业，为云南大学和云南民盟的建设和发展做出了重要贡献。

3. 王赣愚

王赣愚（1906 年 12 月—1997 年 2 月），福建福州人。1925 年考入清华大学法学院政治学系，1929 年参加公费留美考试，被选派到美国哈佛大学留学，获政治学硕士和博士学位，后又赴英国伦敦大学和德国柏林大学短期进修、访问。1933 年底回国，在南京中央政治学院任教授。1935 年起任教于南开大学，1937 年随校南迁昆明，随后被熊庆来校长聘为云南大学教授。1941 年又返西南联大政治系任教，直至 1946 年联大结束。1946 年应聘到美国华盛顿州立大学政治系、远东系执教。1949 年任南开大学财经学院院长，1952 年院系调整后任南开大学经济系教授，1985 年后任国际经济系教授。1937—1941 年在云大任教期间，先后开设过"政治学""各国政府""国际政治""国际关系""中国政治问题""政治名著研读""现代中国政治史"等课程，拓展了云大政治学科的范围，提升了云大政治学科的水平。

1943 年 6 月，王赣愚在昆明参加中国民主同盟，1950 年 11 月在天津参加中国民主建国会，1988 年 12 月加入中国共产党。1953—1957 年，曾兼任过天津市司法局第一任局长。

4. 方仲伯

方仲伯（1910—1995 年），四川万县人。1932 年在北平参加北方左联及吉鸿昌领导的抗日同盟军。1938 年，经李克农介绍到延安抗日军政大学直属队学习，并加入中国共产党。1940 年党组织派他返回四川，以救国会和爱国人士李公朴秘书的身份做地方实力派的工作。皖南事变后，与李公朴前往缅甸，因滇缅公路被封锁而滞留昆明。1943 年 5 月，民盟云南省支部成立后，方仲伯同李公朴一起加入了民盟。在建水建民中学工作期间，介绍该校校长刘宝煊先入盟后入党，并成立了民盟小组。1948—1950 年，在中共领导的滇南革命武装斗争中，方仲伯先后担任边纵七支队政委和九支队司令员。新中国成立后，任思普地区专员、云南省文教厅秘书长。1953 年，方仲伯调云南大学工作，先后担任中共云大总支书记、政治辅导处主任、图书馆馆长等职；同时还担任民盟云南省委副主委。1958 年他被错划为右派，并被遣送到元江红光农场监督劳动。1961 年被安排到玉溪中学任总务主任兼历史教员。粉碎"四人帮"后，方仲伯的右派冤案才得到平反，中共云南省委根据他本人的意见，1980 年安排他担任省政协常委、副秘书长，并兼任文史资料委员会副主任。1980 年 2 月—1983 年 8 月，任民盟云南省委副主委。编辑出版过《李公朴纪念文集》（1983 年）、《李公朴文集》（1987 年），著有自传《风雨履痕（1910—1987）》（德宏民族出版社，1995 年）。

5. 冯素陶

冯素陶（1906 年 2 月—2010 年 4 月），云南禄丰人。1925 年在上海参加中共外围组织新云南社，1926 年在广州加入中国共产党。1927 年春，国民党发动清党反共，在广州中山大学读书的冯素陶被迫离校。1928 年在上海参加党领导的中国社会科学家联盟。1933 年任上海"反帝大同盟"秘书长。1937 年 9 月，回昆明任云南大学附中文史教员。1938 年 1 月改任云南大学先修班教师。同年，冯素陶任云南文化界抗敌协会理事会主席，创办宣传抗日的《战时知识》半月刊，并任主编。1941 年，他参加中共地下党领导的学术组织西南文化研究会。1944 年夏，经周新民介绍，他加入了中国民主同盟。1945 年 10 月，出席民盟第一次全国代表大会，当选为中央委员。1945 年 12 月在云南民盟第一次盟员大会上，当选为新一届支部执行委员，分管组织工作。

李闻惨案后，1946 年 8 月去到上海，以后即在民盟中央工作。1947 年随民盟中央流亡香港。1949 年 3 月从香港回到北京。1950 年夏，被分配到西南军政委员会文教部工作。1952 年到北京农业大学任政治经济学教授，同时还担任民盟中央文教委员会常务副主任。1957 年调中央社会主义学院任副教务长。1959 年春被派到山西主持山西民盟工作，曾任民盟山西省委主委、名誉主委，民盟第一、二、三届中央委员，第四、五届中央常委，第一、二、三届中央参议委员会副主任，第八、九届顾问。历任山西省人大常委会副主任，山西省政协副主席，第三、四、五届全国政协委员，第六、七届全国政协常委，山西省人民委员会委员，中国人民保卫世界和平委员会山西分会副主席，中苏友好协会山西分会副会长。1988 年春，经中共中央组织部和统战部同意，冯素陶重新加入中国共产党。1995 年离休。2010 年 4 月 7 日在太原逝世，享年 105 岁。

6. 光未然

光未然（1913 年 11 月—2002 年 1 月），原名张光年，湖北光化（现老河口市）人。光未然在第一次国内革命战争失败后，曾做过商店学徒、书店店员和小学教员。1929 年曾加入中国共产党，后来因鄂北党组织被破坏，从而失掉党的组织关系。1932 年，就读于武昌中华大学中文系。1933 年，主编《鄂北青年》杂志。1934 年，任"秋声剧社"社长。1936 年为躲避搜捕离开武汉，到上海从事歌词创作和演出救亡戏剧。1937 年重新加入中国共产党。1938 年国共合作后，在国民政府军事委会政治部第三厅艺术处戏音科任科员，出版了《街头剧创作集》。1939 年因受伤前往延安就医，创作了著名的组诗《黄河大合唱》。1940 年创作长篇叙事诗《屈原》。皖南事变后赴缅甸主编《新知周刊》，组织华侨青年战时工作队。1942 年回到昆明，在云南大学附中（先后在石林县和昆明郊区龙头村）任教。1944 年加入中国民主同盟，任北门出版社编辑并主编"民主文艺丛刊"。1945 年兼任民盟云南省支部机关刊物《民主周刊》编辑。同年 10 月到北平，任北平民盟秘书，编辑《民主周刊》北平版，并继续北门出版社的工作，筹建该社的北平分社。新中国成立后，光未然先后任《剧本》月刊主编、《文艺报》主编和中国作家协会书记处书记、中国作家协会党组书记、全国人大代表、中央顾问委员会委员等重要职务。

7. 朱驭欧

朱驭欧（1903 年 12 月—1982 年 2 月），湖南永州人。1929 年赴美国威斯康星大学读书。1936 年 6 月获博士学位后回国，在中央研究院社会科学研究所任副研究员。1937 年 6 月到云南大学政治经济系、政治系任教授；1943 年兼政治系主任。1946 年经潘大逵、冯素陶介绍加入中国民主同盟。因积极参加民盟和反对内战活动，受到国民党反动派监视、威胁，1948 年离开昆明，到四川大学任教，1952 年随院系调整到西南政法大学任教，曾任民盟西南政法大学支部主委等。1957 年被错划为右派，1979 年校党委为其平反，恢复政治名誉。在云南大学讲授过"行政学""市政学"等课程。在《行政研究》《新动向》《今日评论》《云南日报》等报纸杂志发表过有关行政学及行政管理方面的文章。

8. 全振寰

全振寰（1912 年 10 月—1999 年 1 月），女，云南昆明人。1931 年考入国立北平大学女子文理学院。1935 年大学毕业到北平《华北日报》任编辑。1938 年在昆明、重庆等地的中学任教并在国内多家报刊发表散文和小说。1946 年受聘于云南大学，在文史系任讲师，1951 年任中文系副教授，1987 年晋升教授。1949 年 9 月加入中国民主同盟，曾任民盟云南省委妇女区部委员。讲授过"中国现代文学""中国新文学史"等课程。她着重对鲁迅、郭沫若和闻一多进行深层次研究，先后发表《鲁迅后期文艺技巧的创新》《个性解放的狂暴呼声——郭沫若〈天狗〉的思想艺术特色》《民主战士的壮烈心声——闻一多的散文》等十多篇有关现代文学研究的论文。1981 年参与编著《中国现代文学史》，由云南人民出版社出版。

9. 李德家

李德家（1904—1992 年），云南禄丰人。1924 年赴美国留学，1926—

1933 年先后在格林尼大学、俄亥俄大学、芝加哥大学、哥伦比亚大学学习，获本科、硕士和政治学博士学位。1934 年在美国卡内基和平基金会研究部任研究员。1935 年回国，先后在成都、昆明、海口等地任教职。1942 年，在云南大学担任过一学期兼职教授。1948 年 9 月再次进入云大，被聘为政治系教授兼系主任。1949 年兼任文法学院院长。1953 年院系调整后到历史系世界史教研组任教。1957 年反右运动中被错划为右派，被下放到宜良监督劳动。1960 年被摘掉右派帽子，调历史系资料室当管理员。1979 年右派问题得到改正。

1943 年经周新民、潘大逵介绍在昆明加入中国民主同盟。1950 年春，民盟云南省支部临工会成立，李德家任委员；后曾任民盟西南总支执行委员、民盟云南省委委员、民盟中央教育委员会委员、民盟第二届全国代表大会代表。1983 年加入农工民主党，曾任农工党云南省副主委。他是云南省政协第一、四、五、六届委员。讲授过西方各国政府制度、世界近代史、西方政治制度、比较宪法等课程。参与编辑《云南地震资料汇编》（1988 年由地震出版社出版）。

10. 杨白仑

杨白仑（1909 年 7 月—1998 年 11 月），云南大理人。1926 年在东陆大学（云南大学）预科读书。1928—1934 年在清华大学生物系读书。1936—1946 年任省立大理师范学校、大理私立五台中学校长。1948 年 4 月在昆明经丁维铎、李俊昌介绍加入民盟。1949 年曾参加民盟对卢汉的策反小组。1950 年春，民盟云南省支部临时工作委员会成立，杨白仑被选为委员。1950—1952 年在民盟云南省支部机关工作。1950—1953 年任民盟省支部候补委员。1963 年、1980 年任民盟云南省委委员。1952—1954 年 4 月在省人民政府劳动就业委员会任登记处副主任。1954 年 5 月到云大科学研究委员会任秘书、教学设备科长。1956 年到云南大学生物系任讲师。1981 年晋升副教授。1987 年晋升教授。1955—1965 年先后成为昆明市各界人民代表大会代表、昆明市政协委员、云南省第一届各界人民代表大会代表、副秘书长。曾讲授过"脊椎动物学""哺乳动物分类学"等课程。编著有《脊椎动物学基础》《哺乳动物分类学》讲义，翻译出版了《脊椎动物身体》，发表论文多篇。

11. 杨怡士

杨怡士（1904 年—?），安徽六安人。日本大学社会科学科毕业，先后任河北省立法商学院、广西省立法政学校、北平中国大学、上海法政大学等校教授。早年参加中国青年党；1943 年 5 月，中国民主政团同盟的第一个地方组织昆明支部成立，杨怡士任支部秘书，是云南最早的民盟成员之一。1944 年 10 月，民盟昆明支部改为"中国民主同盟云南省支部"，杨怡士被选为执行委员。1946 年 2 月进入云南大学经济学系任教，1947—1948年任社会学系代理主任、教授。曾住在昆明灵光街薛家巷。在云大讲授过"农村社会学""中国社会史""中国社会思想史"等课程。

12. 杨维骏

杨维骏（1922—2020 年），云南昆明人。年幼时曾在上海生活，读完初中后才和全家一起回到云南。1940 年进入云南大学政治系读书。1943 年，当选云大学生自治会主席，多次带领进步学生参加各种抗日爱国民主活动。1944 年加入中共和民盟的外围组织"民主青年同盟"。1945 年 7 月，杨维骏从云南大学政治系毕业，正式加入中国民主同盟。1949 年，曾按中共地下党指示，参与劝说卢汉起义的工作。1950 年 2 月，担任民盟云南省支部组织部长，以及省政协副秘书长。1953—1958 年，杨维骏当选为民盟云南省委秘书长，负责盟省委日常工作。1958 年 2 月，因参加费孝通在云南调查知识分子问题，杨维骏被戴上右派分子的帽子，受到降级降薪处分，但保留了民盟省委委员和省政协委员身份。1960 年 11 月，被摘掉右派分子帽子。1978 年，右派问题得到彻底平反。1980 年，恢复了省政协副秘书长的职务，并当选为民盟云南省委副主委。1983 年当选第六届全国人大代表。1985—1993 年，作为云南民盟的代表性人物担任云南省政协副主席。从省政协副主席岗位退下来后，又继续担任了一届民盟云南省委副主委，直到1998 年离休。杨维骏曾对清末大理回族起义首领杜文秀、中国古代的生产工具、辛亥革命和护国运动等问题进行过研究，并发表过相关的学术文章。

13. 吴　晗

吴晗（1909—1969 年），浙江义乌人。1927 年考入上海中国公学。1931 年进入清华大学历史系。1934 年毕业留校当助教，承担明史课程的讲授。1937 年 8 月，到云南大学文史系任教授，讲授"宋史""中国通史""中国近代史"等课程。1940 年夏，转聘到西南联大。1943 年 7 月，经周新民、潘光旦介绍加入民盟。1944 年任民盟云南省支部青年委员，负责联系进步学生，帮助建立民主青年同盟。1946 年 8 月回到北平，主持北平民盟的工作，并与中共地下党组织建立了密切的联系。1948 年，国民党逮捕爱国学生和民主人士，吴晗转移到石家庄解放区。1949 年北平解放，吴晗以军管会代表身份参加接管北大、清华的工作，任清华大学校务委员会副主任、文学院长、历史系主任等职。后曾担任民盟北京市主任委员、民盟中央副主席、北京市副市长。1957 年 3 月吴晗加入中国共产党。因写过《论海瑞》《海瑞骂皇帝》《海瑞罢官》等文章或剧本，"文化大革命"中遭到残酷批斗，1968 年 3 月被捕入狱，受尽折磨和迫害，于 1969 年 10 月含冤去世。"文化大革命"结束后，其冤案才得以平反昭雪。

14. 吴征镒

吴征镒（1916 年 6 月—2013 年 6 月），江苏扬州人。1937 年毕业于清华大学生物系并留校任教，后随迁昆明西南联大。1940 年于西南联大理科研究所攻读研究生。西南联大生物系专任讲师。1944—1945 年被聘为云南大学生物系兼任讲师。1946 年随校复员回北平。1950 年出任北京植物分类研究所副所长。1955 年 6 月当选为中国科学院院士。1958 年底率科考队首次在云南景洪大勐龙曼创建了中国首个热带森林生物地理群落定位站，同年，出任昆明植物研究所所长，并定居昆明。编著有《中国植物志》《云南植物志》《中国植被》《云南种子植物名录》等；《西藏植物志》（五卷）于 1987 年全部出版。1988 年任《中国植物志》英文修订版 *Flora of China* 中方主编。2006 年后，90 岁高龄仍率领弟子整理清代著名植物学专著《植物名实图考》，并出任《中华大典·生物学典》的主编，还提出"东亚植物区"概念与被子植物起源"多系—多期—多域"理论。获得 2007 年度国家最高科学技术奖。2011 年 12 月 10 日，国际小行星中心将第 175718 号小行星永久命名为"吴征镒星"。1945 年，吴征镒经吴晗介绍加入民盟，后曾任民盟云南省委常委、副主委。1946 年 2 月加入中国共产党，新中国成立后为中国科学院首任机关党支部书记。2013 年 6 月逝世，享年 97 岁。

15. 吴持恭

吴持恭（1918 年 9 月—2012 年 5 月），浙江东阳人。1942 年毕业于云南大学土木系，获工学学士学位，后任云南大学土木系助教、讲师。1947 年至 1949 年，在美国德克萨斯州立农工学院深造，获硕士学位。回国后继续到云南大学土木系工作，任副教授，1954 年调到成都工学院（成都科技大学）水利系工作，后并入四川大学，任教授、博士生导师，先后担任水利系主任、水科所所长、水电学院名誉院长。早在 1951 年，即由龙门书局出版了《明渠水力学》一书，发表学术论著 100 余篇，多次获科技成果奖励。特别是在高速水力学领域，科研和人才培养成果丰硕。1949 年 12 月加入中国民主同盟，曾任民盟云南大学区分部主委；1956 年在成都加入中国共产党。

16. 吴富恒

吴富恒（1911 年 7 月—2001 年 6 月），河北滦县人。1931 年由北平师大预科入北平师大英国语文系。1935 年毕业留在北师大附中任英文教员。1938 年 8 月到昆明，参与筹建云南省立英语专科学校，任教务长。1940 年到美国哈佛大学留学，获硕士学位。1942 年 2 月回国，继续在云南省立英专执教，同时兼任云南大学英语教师。1945 年 5 月成立云大外语系，被聘为教授兼首任系主任。1946 年 4 月，经吴晗、周新民介绍，加入中国民主同盟。1947 年 1 月离开昆明，3 月到达烟台解放区，参加革命工作。初任解放区英文报纸《芝罘新闻》副总编辑、胶东行署外事组组员。新山东大学成立后，历任文学院长兼外语系主任、教务长、副校长、校长。1955 年加入中国共产党。

吴富恒是具有强烈爱国民主主义精神的知识分子。1944 年，参加中共党员华岗、周新民倡导组织的西南文化研究会。1945 年，昆明发生"一二·一"惨案，昆明各大中学校教师发表"罢教宣言"，他在宣言书上签名。1946 年 5 月，与潘光旦、费孝通、朱驭欧等 20 名教授联名发表《致马歇尔将军抗议书》，代表中国人民反对内战，要求美军立刻停止为国民党运输军队及供应武器。吴富恒在云南大学开设过"英文散文选读及作文""小说选读""英文诗选读""史学概论"等课程。为民盟机关刊物《民主周刊》翻译不少文章。罗隆基曾赞扬他翻译的文章语言准确而流畅，为《民主周刊》增色不少。

17. 陆钦墀

陆钦墀（1911—1977 年），江苏吴江人。1938 年燕京大学研究院历史系硕士毕业。1939 年代表中国学生出席世界学联在巴黎召开的国际学联大会。1942—1946 年在云南大学执教，先后被聘为文史系讲师、副教授，所授课程有中国近代史、西洋近代史。1943 年 10 月经周新民、潘光旦介绍加入中国民主同盟。1944 年 12 月起为《民主周刊》的发行人，参加出版发行工作。1945 年作为民盟云南省支部成员代表之一，出席在重庆召开的民盟第一次全国代表大会。同年 12 月被选为民盟云南省支部候补委员。1946 年离开昆明，先后在南京、上海担任民盟总部秘书，直到 1947 年 11 月民盟总部被迫"解散"为止。同年底回到苏州，先后在振华女中、东吴大学附中任教。1948 年 7 月，在苏州秘密筹组民盟地下组织，10 月成立民盟苏州支部，被推选为主任委员；配合中共苏州地下组织，迎接苏州解放。新中国成立后，先后担任苏州市各界人民代表会议协商委员会、苏州市政协第一届委员会副主席、民盟苏州市临时工作委员会主任委员、民盟苏州市第二届委员会副主任委员、民盟中央候补委员、江苏省政协委员。1956 年到吉林长春东北人民大学工作，任历史系中国近现代史教研室主任和民盟吉林省委宣传部副部长。1957 年被错划为右派分子，"文化大革命"中受到迫害，被下放到柳河县农村劳动，1977 年 8 月病逝于苏州。1979 年其被错划右派得到改正昭雪。代表作有《英法联军侵华史》《1858 年和 1860 年东北边界的改变》等。

18. 陈复光

陈复光（1899 年 1 月—1960 年 3 月），云南大理人。1914 年大理中学毕业后，以优异成绩考入清华学堂留美预备班。1917 年以官费资格考入美国名校哈佛大学，主修国际法和外交史，获得博士学位。1925 年回国后，曾任教于清华大学、燕京大学。1928 年到黄埔军校任教官。1930 年回云南，任东陆大学（云南大学）教授，主讲各国政治、西洋政治思想史等课程。1935 年应大理同乡、陆军大学校长杨杰将军之邀，担任陆军大学教官。1938 年杨杰出任国民政府驻苏联大使后，陈复光随之前往，任驻苏使馆一等秘书。1945 年抗战胜利后，陈复光再度受聘为云南大学教授，曾任政治系主任、历史系教授。1945 年加入民盟。1948 年加入民革。1949 年曾参与杨杰将军策划帮助龙云、卢汉和平起义。1957 年被错划右派。1960 年病逝。其最重要的学术著作为《有清一代之中俄关系》。

19. 范启新

范启新（1915 年 7 月—1990 年 8 月），云南大理人。1939 年在国立剧专话剧科编剧专业学习。1941 年起先后在云南省教育厅、私立求实中学、昆华民众教育馆民众剧社、《观察报》等单位工作。1950 年 2 月任云南大学中文系讲师。1981 年 4 月被评为副教授。1944 年经闻一多、冯素陶介绍加入民盟。1948 年任民盟云南省临时工作委员会委员。1950 年春，新的民盟云南省支部临时工作委员会成立，范启新为委员。曾任民盟西南总支部文教委员会副主任，云南民盟第六、七届省委委员。云南省第一、二届人民代表会议代表，昆明市第二、三次各界人民代表会议代表，省政协第四、五、六届委员。讲授过"现代戏剧""文艺文习作"等课程。擅长编剧及导演，是民国时期云南省戏剧界活跃人物，编导过《人之初》《魔河之恋》《昆明保卫战》等受观众欢迎的戏剧。

20. 尚 钺

尚钺（1902—1982 年），字健庵，河南罗山人。1917 年到开封念中学。1921 年，考入北京大学文学系预科。1927 年加入中国共产党，做过中共河南省委机关刊物《猛攻》的主编。1928 年受命到罗山老家组织武装暴动被捕，经营救获释，逃到上海，后到杭州又被捕，经地下党营救出狱，先后在吉林、黑龙江教书。1930 年回到上海，在全总工会、中央组织部、《红旗日报》工作。1932 年调满洲省委秘书长。1938 年在郭沫若主持的军事委员会政治部三厅工作。

遵照党的指示，1941 年尚钺到昆明，在云瑞中学教书。1941 年 8 月至 1946 年 6 月，在云南大学任教，先后被聘为讲师、副教授，讲授中国历代文献、中国通史、文学批评课程。在云大的五年中，他边教学边做研究，为后来主编《中国历史纲要》等著作奠定了基础。1943 年，他介绍来昆明做龙云统战工作的华岗到云大任教。1944 年，他参加中国民盟同盟云南支部工作。1946 年 7 月，李闻惨案发生，尚钺负责料理善后事宜，并向民盟中央汇报惨案经过。驻昆明美国领事馆曾将尚钺、潘大逵、费孝通等 10 人接到美领馆内"避难"。随后尚钺按党组织指示去到上海。1947 年由上海进入山东解放区，任山东大学教授。1950 年到中国人民大学任教兼任中国科学院哲学社会科学部历史研究所学术委员等职。1972 年，任中国人民大学清史研究小组副组长。1978 年任中国人民大学历史系主任。1982 年去世。

21. 周新民

周新民（1897—1979 年），安徽庐江人。1918 年考入安徽省立法政专科学校。1921 年加入中国国民党。1922 年，赴日本明治大学研究院攻读法律。1923 年回国后在法政专科学校任教。1926 年，周新民在上海加入中国共产党。1927 年当选国民党左派安徽省党部常委兼秘书长。大革命失败后，为躲避蒋介石对共产党员和国民党左派的捕杀，被迫转入地下活动。1929 年先后在上海复旦大学、法政学院教授法学课程，并参加左翼社联活动。1935 年，在上海与李公朴、沈钧儒等发起成立"救国会"。1938 年，参加安徽抗日救亡总动员会工作，任组织部副部长兼总干事。

1942 年，周新民在重庆加入中国民主同盟，随后到昆明以云南大学法律系教授身份为掩护，筹备成立民盟昆明支部。1943 年 5 月，民盟昆明支部成立后，担任支部组织委员，发展了一大批进步人士加入民盟。1944 年 12 月，协同吴晗、罗隆基等创办民盟昆明支部机关刊物——《民主周刊》。1945 年 1 月，周新民当选民盟中央委员兼秘书处副主任。1946 年 7 月李公朴、闻一多被暗杀后，曾前往昆明调查事件真相。在参加革命活动同时，周新民认真进行教学，为云南大学的法学教育做出了重要贡献。

1949 年 6 月，周新民作为民盟代表参加了新政协筹备工作，被推选为筹委会委员兼副秘书长。新中国成立后，周新民先后任中央人民政府办公厅副主任、最高人民检察署秘书、辽宁沈阳市副市长、中国科学院法学研究所副所长，民盟中央常委兼文教科技委副主任及组织部长，第一、二届全国人大代表，第二至五届全国政协委员和全国政协副秘书长。周新民是著名法学理论家，主持撰写了《法学基础》《民法概论》《民事诉讼法》等著作，发表多篇学术论文。

22. 赵 沨

赵沨（1916 年 11 月—2001 年 9 月），河南开封人。1931 年中学毕业后考入开封建华艺术专科学校。曾在河南鲁山中学、杞景中学任音乐教师。1934 年起任《河南晚报》副刊特约记者。1938 年，先后任教于上海两江女子体育专科学校、重庆精益中学。1939 年在重庆创建新音乐社，并任《新音乐月刊》主编。1941 年加入中国共产党。"皖南事变"后，曾到缅甸开展华侨青年工作。

1942 年回到昆明，在云南大学附属中学任教。1943 年加入中国民主同盟，任民盟云南支部执行委员。曾与闻一多、楚图南、费孝通等人深入路南圭山彝族地区，开展文化工作。1946 年因受李闻惨案牵连而转赴香港。1947 年赵沨与马思聪、李凌在香港创办了中华音乐学院并任副院长，同时在广东省立艺专音乐系任教授，来往于香港、广州两地授课。1948 年初，赵沨在新加坡创办了中华艺术专科学校，任校长、教授。1949 年初赵沨从新加坡回到香港，在完成输送文化界著名人士到解放区的任务后，最后一批回到北京。新中国成立后，在北京留任民盟中共党组书记、文化部党组秘书、国务院学位委员会委员、国家教委艺术教育会主任委员、中央音乐学院名誉院长等职。

23. 赵崇汉

赵崇汉（1908 年—?），河南淮阳人。1933 年毕业于北平中法大学社会科学系，后赴法国里昂大学、巴黎大学留学，获得法学博士学位。1945 年回国后即到云南大学法律系任教授，讲授过"行政法""土地法"等课程。1953 年后调到西南政法学院任教。主要论著有《关于法国行政法中公务员的概念及法律地位的研究》等。赵崇汉于 1949 年加入中国民主同盟，1952 年任民盟云南大学区分部组织委员。

24. 姜震中

姜震中（1901—1983 年），河南太康人。1922 年起，先后到比利时劳动大学、法国都鲁斯大学化学院留学，在法国加入中国共产主义青年团。1928 年，受组织派遣到莫斯科中国共产主义大学（即中山大学）学习。1930 年毕业后，曾在莫斯科应用化学研究院任工程师。1933 年回到中国，任上海复旦大学教授。抗战期间，于 1941 年来到云南，就职于云南大学，任理学院教授。姜震中于 1943 年在昆明加入中国民主同盟，积极参加民盟的各种反蒋抗日爱国活动。1946 年李闻惨案后离开昆明，经上海到杭州，参与组建民盟杭州区分部，任组织委员。新中国成立后，先后被选举为民盟中央委员、民盟杭州市第一、二、三届主委，民盟浙江省委会副主委、主委；浙江省政协常务委员、副秘书长。1955 年担任浙江省司法厅厅长。1957 年被错划右派，1979 年得到改正。

25. 费孝通

费孝通（1910 年 11 月—2005 年 4 月），江苏吴江人。1928 年进入东吴大学医学预科，1930 年转到燕京大学社会学系。1933 年本科毕业后到清华大学社会人类学系读研究生。1936 年到英国伦敦经济学院留学，获博士学位。1938 年学成返国，到云南大学任副教授。1940 年晋升教授。1942 年任社会学系主任。1944 年任西南联大教授，继续兼任云大社会学系主任。同年，费孝通经潘光旦介绍加入中国民主同盟，任民盟云南省支部委员。1946 年 7 月，李闻惨案发生后，费孝通受到反动派监视、恐吓，8 月离昆去英国。1947 年回国后到北京清华大学任教。费孝通在云大社会学系讲授过"经济社会学""家庭制度"等课程，进行过社会调查研究，完成了《禄村农田》《易村手工业》《玉村农业和商业》调查报告。1942 年底，他在美国将这三份调查报告合译为《乡土中国》。

新中国成立后，费孝通投身于国家的民族事业和教育事业，先后任国务院民族事务委员会副主任、中央民族学院副院长、国务院专家局副局长等职。1957 年被错划为右派，后得到改正。历任民盟中央第二届常委，第三届中央委员，第四、五届民盟中央副主席，1986 年任民盟中央常务副主席，1987 年 1 月当选为民盟中央主席，历任民盟第五、六、七届中央主席。1996 年 11 月后任民盟中央第七、八、九届名誉主席。1983 年当选为全国政协第六届副主席。1988—1998 年任第七、八届全国人大常委会副委员长。

26. 楚图南

楚图南（1899 年 8 月—1994 年 4 月），云南文山人。1919 年 11 月，考入北京高等师范学校（毕业时校名改为北京师范大学）史地部学习。1923 年结业后，到安徽阜阳教学实习。1924 年回昆明，在省立一中等校任教。1926 年北上，先后在哈尔滨、长春、泰安等地任教。1935 年到上海暨南大学任教。抗战爆发后回到昆明。1938 年 2 月任云大附中文史教员。半年后到云南大学任教，由兼任讲师逐级升为教授，并曾兼任文史系主任。1942 年，又兼任云大西南文化研究室研究员。在云大讲授过"文学概论""史记""文选及习作"等课程，深受学生喜爱。1946 年李闻惨案后离开昆明去上海，共在云大任教 9 年。

楚图南 1922 年加入社会主义青年团。1926 年加入中国共产党。1930 年在哈尔滨被反动派逮捕判重刑。1934 年出狱后，失去了与党组织的联系，1948 年 12 月重新入党。楚图南于 1943 年 5 月加入民盟。1944 年 10 月任民盟云南省支部委员。1945 年 8 月，被选为民盟临时全国代表大会代表；10 月当选为民盟中央委员；12 月任民盟云南省支部主任委员。曾主编云南民盟机关刊物《民主周刊》。1947 年，民盟被迫解散，他去到了香港。1949 年 2 月，担任北京师范大学教授。12 月奉调至重庆，任西南行政区文教部部长。1952 年末回到北京，先后任中央人民政府扫盲工作委员会主任委员，中国人民对外文化协会会长、对外友协副会长，全国人民代表大会第一至六届代表。1986 年 4 月，被补选为全国人大常委会副委员长。曾任民盟第一、二届中央常委，第三、四届中央副主席。1986 年 12 月，当选为民盟中央主席。

27. 潘大逵

潘大逵（1902 年 3 月—1991 年 6 月），四川开县人。1924 年毕业于清华学校，1925—1930 年赴美留学，获美国威斯康星大学法学硕士学位。1930 年回国，任上海法学院教授。1938 年到成都，在四川大学、朝阳学院、光华大学等校任教授。1941 年离开成都。就聘于江西中正大学政治系教授。

1942 年潘大逵应云南大学政治系主任朱驭欧的邀请，任云大政治系教授，讲授"政治学概论""欧美政治思想史""比较宪法"等课程。1943 年经罗隆基、周新民介绍在昆明参加中国民主政团同盟，并参与筹建民盟昆明支部，担任青年委员，一度担任《民主周刊》社长。1944 年被选为民盟中央委员。1946 年 7 月李闻惨案后，被迫离开昆明去成都。1949 年，任民盟西南总支部筹委会主任委员。新中国成立后，任西南军政委员会文教部副部长。1955 年任民盟四川省委主委、民盟中央常委。1957 年被划为右派，受到错误批判；1980 年 6 月平反。后任四川省文史馆馆长，民盟四川省委主委和民盟中央参议委员会副主任，四川省社会主义学院名誉院长。曾任四川省第一、第四、第五届政协副主席，第一、五、六、七届全国人大代表。

二、1950—1966 年加入民盟的云南大学教职工简介
（39 人，以姓氏笔画为序）

1. 卫念祖
2. 马　骏
3. 王士魁
4. 王仲永
5. 王树勋
6. 王森堂
7. 尤　中
8. 尹华中
9. 冯　竞
10. 朱彦丞
11. 江应樑
12. 李为衡
13. 李英华
14. 杨　堃
15. 杨邦顺
16. 杨兆钧
17. 杨桂宫
18. 张　燮
19. 张友铭
20. 张永立
21. 张其濬
22. 张若名
23. 张家麟
24. 张瑞纶
25. 张福华
26. 张德光
27. 陆元芳
28. 武希辕
29. 周文煜
30. 赵崇龄
31. 赵雁来
32. 袁绩藩
33. 顾建中
34. 徐天祥
35. 徐知良
36. 徐绍龄
37. 郭文明
38. 傅懋勉
39. 黎继岚

注：这一时期在云南大学加入民盟，院系调整后划到其他院校的部分教职工名单见下一节。同一时期加入民盟的云大教职员工还有：谭秀群

（物理系）、高大章（夜函大）、张癸祥（经济系）、阮兴业（农学院）、欧大澄（工学院）、于仪（工学院）、朱锡侯（医学院）、舒洁（校工会）、冯洗（校图书馆）、傅蕊清（校卫生科）、霍培正等人。

1. 卫念祖

卫念祖（1916年11月—2004年12月），四川梓潼人。1934年9月考入中法大学数学系，1938年到法国里昂大学深造。1941年获数学硕士学位。1948年回国，到云南大学数学系任教授。1951年被任命为学校图书馆馆长，1954年改任数学系主任，直至1984年。1954年加入中国民主同盟，曾任民盟云大支部委员、副主委，民盟云南省委委员；1988年任民盟云大总支委员。云南省第三、五、六届人民代表大会代表。1979年3月，加入中国共产党。先后讲授过"复变函数""微分方程"等课程，是云大数学系最先开设"数理方程"的教师。1959年指导了数学系第一个研究生。他的论文刊于《云南大学学术论集》第一集。1985年主持翻译六卷本《数学新教程》，由云南教育出版社出版。

2. 马　骏

马骏（1912年6月—2008年4月），云南昆明人。1931年在上海震旦大学理学院、上海中法国立工学院、上海暨南大学商学院会计银行系读书，获上海暨南大学商学士学位。1936年在南京资源委员会、云南省建设厅会计室、昆明自来水厂会计室、一平浪盐煤厂会计室、美驻滇领事署等处任职。1950年在云南大学经济系任讲师。1954年在学校图书馆工作。1960年在外语系任讲师。1987年晋升副教授。1957年4月在上海财经学院进修时加入中国民主同盟。讲授过会计学、政府预算会计、政府预算会计等课程。与江应樑合作翻译的法文著作《中国初征安南史略》一册，1933年在南京《亚细亚杂志》上分期登载。翻译的美国会计杂志《分配成本会计论及专业会计》一文，载于 1936 年《云南旅沪学报》。

3. 王士魁

王士魁（1904 年 12 月—1969 年 1 月），海南海口人。1920 年到法国勤工俭学，1932 年考入里昂中法大学，1934 年获法国数学硕士学位。1936 年获法国数学博士学位。1937 年 7 月，应熊庆来校长之邀到云南大学筹建数学系，任讲师、教授。1940 年 5 月—1954 年任数学系主任。1945 年兼任中央研究院研究员。1946 年兼昆明凤凰山天文台台长。1950 年被选为中国科学院专门委员。1948—1957 年任云南大学教务长。1951 年任省政府顾问、省政府高等教育委员会委员、市人大代表等。1956 年由寸树声介绍加入中国民主同盟。同年 12 月当选民盟云大支部主任委员。1957 年反右中被错划为右派，撤销一切行政职务，"文化大革命"中遭受迫害，身心受到严重摧残，1969 年突发疾病去世。1979 年学校党委为其平反，恢复政治名誉。王士魁讲授过"微分方程式论""理论力学""近世几何"等课程。其中擅长理论力学教学，长期担任该门课程的教学工作。精于用数学方法研究天体物理学的问题，获得一系列良好的成果。1935 年《巴黎科学院汇报》刊登他的《论星际扩散》论文，引起国际学术界重视。

4. 王仲永

王仲永（1914 年 7 月—2005 年 12 月），安徽桐城人。1934 年考入北京师范大学物理系，1937 年转西北联大物理系。1938—1947 年在陕西、四川等地中学任教。1947 年到云南大学物理系任讲师。1956 年任副教授。1978 年晋升教授。1956 年由寸树声、杨桂官介绍加入中国民主同盟。讲授过"光学""普通物理"等课程。编写的《高级光学》《电动力学》《激光原理》等讲义，均作为物理系教材，其中《激光原理》受到许多高等院校的好评。他带领激光研究小组的同事，进行过反映 20 世纪 70 年代科学水平的"光学统计和激光的全量子理论"的研究工作。

5. 王树勋

王树勋（1911—1980 年），河北高阳人。1928 年考入中法大学预科，后升入中法大学化学系。1934 年到法国里昂大学理学院及化工专门学校学习。1937 年取得里昂大学硕士学位后，在法兰西学院攻读博士学位，师从法国化学家杜克洛研究"数种无机胶体之组成及渗透压力"。1940 年获法国国家理学博士学位后回国。1940 年，到云南大学理化系任教授。1944 年参加创办化学系，任系主任，并兼任中法大学理学院长兼教务长。1946 年主持中法大学迁回北平的工作，1947 年辞去中法大学职务，从北平返回云南大学任教。1950—1980 年任云大化学系主任。1953 年加入中国民主同盟，1963 年后任民盟云大支部主任委员、民盟云南省委委员、民盟中央候补委员。1951—1979 年任历届云南省人民代表大会代表及云南省政协委员。讲授过"普通化学""分析化学"等课程，并重视化学实验及学生实际操作能力的培养。著有《无机胶体之渗透及化学组成》论文（1940 年在巴黎出版，法文版）。

6. 王森堂

王森堂（1911 年 11 月—2005 年 8 月），河北行唐人。1936 年清华大学外语系毕业。1936 年 8 月—1937 年 6 月在同济大学研究院学习。1937 年后在汉中、成都等任教，1943 年到西南联大外语系任教员。1946 年到云南大学外语系任讲师，1948 年被聘为副教授，1980 年晋升教授。曾任云大教务科科长、外语系英语教研室主任。1950 年 2 月参加新民主主义者联盟。1953 年加入中国民主同盟。讲授过"英文理论文选""英文选读"等课程。与鲍志一合译《特瓦尔朵夫斯基》《李昂诺夫的创作》两篇俄文作品，共3.4 万字，载于人民文学出版社出版的《论苏联文学》。编写《英语词汇学讲义》《现代英语复合词》等。《英语词汇学讲义》是为云大外语系英语专业 1965 级和 1977 级开英语词汇学课时使用的教材。

7. 尤 中

尤中（1927 年 3 月—2021 年 10 月），云南宣威人。1949 年在云南大学历史系读书。1954 年 3 月毕业留校任教。1961 年任讲师，1978 年晋升副教授，1985 年晋升教授。1984—1988 年任云大西南边疆民族历史研究所所长、西南古籍研究所所长。1949 年 3 月参加新民主主义青年同盟，1952 年 6 月参加中国民主同盟。曾任民盟云大支部秘书、历史系民盟小组副组长。1987 年 3 月加入中国共产党。云南省第六、七届人民代表大会常委。讲授过"云南民族史""中国民族史"等课程。主要研究中国西南民族史，著有《南诏史话》《中国西南民族史》《中国西南的古代民族》等专著 9 部，300 多万字；论文 40 余篇，50 万字。

8. 尹华中

尹华中（1921 年 5 月—2001 年 11 月），云南腾冲人。1943 年 1 月—1945 年 1 月在文华图书信学专科学校毕业。1946—1947 年在上海交大图书馆工作及苏州东吴大学图书馆工作，任主任。1947 年 7 月到云南大学图书馆工作，做西文编目。1980 年晋升为馆员。1956 年加入中国民主同盟。1957 年被错划为右派，1979 年得到平反改正。能用英、德、俄、法、日文做图书编目。承接过省委进口德国汽车说明书翻译任务，参加翻译过《民间文学——从印度到爱尔兰》等，并参加过汉字编码的研究。

9. 冯 竞

冯竞（1917 年 4 月—2003 年 8 月），江苏扬州人。1937 年考入武汉大学物理系，后转入电机系。1941 年毕业后到中央无线电器厂工作。1945 年赴英国皇家雷达学院，研究单边多路无线电发讯机。1947 年结业后被分配到南京空军通信总队任技术员。1948 年任云南大学电讯专修科副教授。1951 年晋升为物理系教授。1956 年加入中国民主同盟，担任盟小组长。

1984 年当选为省政协委员。讲授过"通讯电路""电子学""电工学"等课程。擅长微波理论与技术,1951 年因协助昆明航空站修理雷达,受到西南军区空军司令部表彰奖励。编著的科普书籍《火箭与导弹》,1958 年由云南人民出版社出版;与他人合译《无线电工程中的电磁兼容》,1958 年由云南人民出版社出版。

10. 朱彦丞

朱彦丞(1912—1980 年),河北保定人。1929 年考入北平中法大学预科,1931 年升入中法大学理学院生物系。1935 年赴法国里昂大学留学,同时在勒诺希尔大学农学院专修。1946 年在蒙伯里大学理学院植物研究所获法国国家自然科学博士学位。当年回国,在北平中法大学理学院生物系任教授及北平研究院植物学研究所研究员。1947 年,从北平到昆明,任北平研究院云南工作站站长及云南大学生物系植物学教授。1951 年起一直担任云大生物系主任,后曾担任云南大学教务长。创建了云南大学生态地植物研究所。1952 年加入中国民主同盟。1980 年 2 月,在民盟云南省第六次代表大会上当选为盟省委副主任委员;曾任民盟云南省委高等学校工作委员会委员。还被选为第三届全国人民代表大会代表、第五届全国政协委员;昆明第二、三、四、五届人大代表。曾担任云南省科协副主席、中国植物学会副理事长兼生态地植物专业委员会主任委员、中国生态学副理事长、云南省植物学会理事长等职。讲授过植物分类学、植物生理学、土壤学、植物生理生态学、地植物学等多门课程。1977 年担任《中国植被》的编委和《云南植被》的主编,发表论文多篇。多次领导和参加野外调查工作,指导青年教师和研究生;一生扎根云南,为边疆教育和科学事业做出了杰出的贡献。

11. 江应樑

江应樑(1909—1988 年),广西贺县人。1927 年由云南省立第一师范学校考入上海暨南大学预科，翌年升入本科。1932 年在上海暨南大学附中教书。1936 年考取广州中山大学研究生。1938 年被聘为中山大学讲师。1942 年被国立东方语文专科学校聘为副教授。1946 年被聘为中山大学教授。1948 年被聘为云南大学社会学系教授。1980—1983 年任云大西南边疆民族历史研究所所长。1953 年加入中国民主同盟，曾任民盟云南省委委员。1985 年加入中国共产党。讲授过"中国社会分析""中国少数民族史"等课。多次到过云南沿边少数民族区实地调查，对西南各兄弟民族历史发展，社会经济生活情况有深入研究，收集和整理了大量文献资料和实地调查资料，著有《凉山彝族的奴隶制度》（1948）、《摆夷的经济生活》（1950）、《明代云南境内的土官与土司》（1958）、《〈百夷传〉校注》（1980）等。1984 年他在四川民族出版社出版的重要著作《傣族史》，是一部成功应用人类学和民族学方法研究民族史的开山之作，1991 年获云南省社会科学一等奖。

12. 李为衡

李为衡（1915 年 7 月—1996 年 11 月），云南普洱人。1936 年考入云南大学文史系。后在齐鲁大学国学研究所，师从史学大师顾颉刚，攻读中国历史地理，获硕士学位；留该所任助理研究员，中央民众教育馆研究员。1945 年 8 月被聘为云南大学文史系讲师，1948 年聘为副教授，1988 年晋升教授。长期任云大历史系中国近现代史教研室主任。1958—1986 年任学校教育工会主席、副主席。1950 年 1 月参加新民主主义联盟。1956 年加入中国民主同盟，任民盟云大支部委员。1960—1966 年选为五华区人民代表大会代表。主讲过"中国古代史""中国历史地理总论"等基础课及专门化课程。培养青年教师、招收培养硕士研究生多人。编著有《中国沿革地理》《唐宋元明清政治疆域表》等 6 部著作。参加编写《中国地震史资料》中的《云南地震史资料》等。

13. 李英华

李英华（1914—2001 年），女，四川简阳人。1938 年考入中央大学经济系，后转读历史系。1943 年毕业后就职于四川简阳中学。1946 年就读于华西大学哲史研究所，研究生毕业后，到四川省立图书馆任职。1952 年调入四川师范学院历史系任讲师，1957 年随丈夫来云南，到云南大学历史系任讲师。1981 年任副教授，1987 年晋升教授。1952 年 9 月在四川师范学院经蒋珠光介绍加入中国民主同盟，担任过小组长。1987 年加入中国共产党。长期从事中国古代史教学及中国封建经济史教学和研究工作。讲授过中国通史、明清经济史等课程。1984 年 10 月主编云南大学《中国经济史研究文集》第一集，在《平准学刊》第二辑发表《自耕农的兴替与地主阶级》，在《思想战线》1985 年第 2 期发表《试论经营地主》等论文。

14. 杨 堃

杨堃（1901 年 10 月—1998 年 7 月），河北大名人。1920 年考入保定农业专门学校留法预备班，1921 年到法国，就读于里昂大学。1925 年获理科硕士学位后转入该校哲学系。1930 年获里昂大学文科博士学位后回国，先后在北平大学、北平师范大学、中法大学、清华大学等高校任教。1948 年应熊庆来校长邀请到云南大学社会系任教授兼系主任。1953 年院系调整后，调入云大历史系任民族史研究室主任。1979 年初调往中国社会科学院任民族研究所研究员、研究生院教授。他在 1949 年 6 月加入新民主主义者联盟，1951 年加入中国民主同盟，1984 年加入中国共产党。讲授过"社会进化史""社会科学概论"等课程。其科研是建立在继承和借鉴古今中外的优秀文化成果，立足于社会调查两个基础之上，致力于建立中国自己的民族学理论和学派。他的著作在国内外学术界曾引起积极的争鸣，产生广泛的影响。

15. 杨邦顺

杨邦顺（1922 年 10 月—2016 年 7 月），江苏南京人。1938 年在长沙中央通讯社无线电台作练习生。1940 年在云南省立英语专科学习。1943 年到云南大学外语系读书，1947 年毕业留校任教。1948 年兼任云南省立英语专科讲师。1952 年到哈尔滨外语专科学习俄语两年。1954 年任讲师，1980 年晋升副教授，1986 年晋升教授。1950 年 2 月参加新民主主义者联盟。1955 年加入中国民主同盟，曾任盟小组长、支部宣传委员、总支副主委、民盟云南省第七届常委。1985 年加入中国共产党。英语和俄语基础扎实，曾先后担任俄、英两个专业二、三年级的精读课、俄语翻译课、英语口语课等的教学工作。参加翻译过《植物生态学的目的和方法》等俄文书，所撰写的英语文章《西双版纳纪游》发表后受到好评；在《南亚译丛》发表英译汉文章约 10 篇。

16. 杨兆钧

杨兆钧（1909 年 12 月—2003 年 1 月），北京市人。1936 年赴土耳其安卡拉大学法学院读书。1940 年毕业后在安卡拉史地语言学院任讲师。1941 年回国，曾任西北大学历史系教授。1948 年在华北学院任教授。1953—1958 年在教育部民族教育司任专员。1958—1965 年在青海民族学院政史系任教授、系主任、副教务长。1965 年调云南大学任教，一直在西南亚研究所工作。1950 年 10 月在西安由郑少逸介绍加入民盟，曾担任组长、支部委员、主任委员、民盟青海省委委员及组织部长，云南省政协委员等。1986 年在云南大学加入中国共产党。讲授过"世界史""伊斯兰教史"等课程，在伊斯兰教史、土耳其史、回族史、突厥学方面有较深的研究。译有《克拉维约东使记》（商务印书馆 1944 年第 1 版，1956 年第 2 版，1985 年第 3 版）等，著有《维汉字典》（西北大学出版社，1945 年）、《土耳其现代史》（云南大学出版社，1990 年），主编《云南回族史》（云南民族出版社，

1989 年）等。

17. 杨桂宫

杨桂宫（1914 年 11 月—1999 年 4 月），河北抚宁人。1933 年考入北平师范大学物理系。1937 年毕业后在天津、贵阳、昆明等中等学校任教。1941 年到云南大学理化系任教，1942 年被聘为讲师，1946 年被聘为物理系副教授，1951 年晋升教授。曾任物理系秘书、金属物理教研室主任。1952 年加入中国民主同盟。1956 年加入中国共产党。1956 年被授予"全国先进生产者"称号。1956 年任校工会主席。1957 年任物理系主任。1958 年兼任昆明物理所副所长。1966 年初任云大副校长。1979 年任校党委常委、副校长等职。他是云南省政协第三、四届常委，中共云南省第三届委员会委员。讲授过"热学""分子运动论"等课程。编写过《金属物理》《金属电子论》《量子力学》等数本讲义，其中有的在 1966 年曾被选为全国高校交流教材并准备出版，后因"文化大革命"而搁浅。

18. 张 燮

张燮（1919 年 2 月—2008 年 3 月），江西南昌人。1938 年考入西南联大工学院土木系。1942 年毕业留校。1944 年考取清华大学赴美公费生。1945 年就读于美国麻省理工学院数学系，获硕士学位。1947 年回国到云南大学数学系任副教授，1951 年晋升为教授，1954 年任数学系函数论教研组主任。1956 年被聘为云大科学研究委员会委员。20 世纪 50 年代初参加中国民主同盟。1957 年反右中被错划为右派，1979 年学校党委为其平反，恢复其政治名誉。1982 年，调云南民族学院，参加筹建学院数理系，任数学系主任。讲授过"解析几何""泛函分析"等课程，由于有扎实的数学功底，教学工作中，化繁为简的能力出众，能够用比较简单的例子讲一些深奥的道理，既清晰又生动。翻译的《实变函数》《概率论》等多部数学教材，于1956—1958 年间由科学出版社先后出版。

19. 张友铭

张友铭（1912 年 10 月—2001 年 12 月），河北献县人。1927—1929 年在北京私立财商学院英文补习夜校学习。1930 年在清华大学教务处注册部任助理。1938 年在清华大学、西南联大教务处注册组任事务员。1940—1950 年任云南大学教务处注册组主任兼先修班、文史系讲师。1950 年任云大中文系副教授，曾任语言教研室主任兼学校教务处教务科长等。1950 年3 月参加中国民主同盟，曾任云大民盟支部秘书，中文系民盟小组组长。讲授过"国文""历代文选""文艺学"等课程。与他人合译两篇文章，刊于《云南诗歌与散文》1950 年 10 月号。

20. 张永立

张永立（1913 年 1 月—1972 年 10 月），贵州贵阳人。1931 年考入上海震旦大学。1936 年到比利时鲁汶大学攻读学位，兼做宇宙线物理研究，1939 年获数学博士学位后回国。先后在震旦大学、大夏大学、贵州农工学院、贵州大学任教授。1949 年 11 月到云南大学物理系任教授，曾任理论物理专门化教研组主任。20 世纪 50 年代初，参加中国民主同盟，曾任民盟云南省委委员、省政协委员、昆明市五华区第一、二届人民代表大会代表。讲授过"天体力学""量子力学""物理上的数学方法"等课程。擅长以力学为工具，应用于天文、物理、化学方面的理论问题的研究，发表过一系列论文及著作。其博士论文《论宇宙线和乙烯分子的振动》成为国际学术界早期讨论星际分子形成的奠基性论著，为追溯地球大气演化中的痕量元素反应提供了可靠线索。

21. 张其濬

张其濬（1900—1983 年），安徽太和人。14 岁即考入上海震旦大学，1919 年因参加五四运动被校方开除。1921 年进入巴黎大学攻读物理，获理科硕士学位；再到巴黎高等无线电学校和巴黎 SFR 无线电公司深造，并任无线电工程师。1928 年回国，相继辗转于上海暨南大学、安徽大学、武汉大学、广西大学、北京中法大学等校物理系任教。1940 年在昆明中法大学物理系任教授兼系主任。1945 年应熊庆来校长之邀参加筹建云南大学物理系，先后任物理系教授兼系主任、理学院院长、副教务长等。20 世纪 50 年代初期参加中国民主同盟，曾任民盟云南省委委员、省政协委员。1957 年反右中被错划为右派，撤销一切行政职务，回物理系任教。1979 年学校党委为其平反，恢复其政治名誉。讲授过"电动力学""学波动学"等课程。他是汉字编码专家，在国内首先提出用汉字偏旁编码，研究成功适用于电子计算机处理的"汉字分解与合成"及"汉字字形三元体代码法"，获 1979 年云南省科技奖及 1982 年省级科技成果奖等。

22. 张若名

张若名（1902 年 2 月—1958 年 6 月），女，河北保定人。1919 年五四运动中，在天津学生联合会任评议会主席，天津觉悟社社员。1920 年 11 月到法国勤工俭学，获得法国里昂大学文学硕士和博士学位。1930 年夏回国，曾任中法大学讲师、教授，1948 年 4 月到云南大学执教，任中文系教授，住云大九家村一号。1950 年加入中国民主同盟。在中文系讲授过"世界文学史""苏联文学""文艺批评"等课程，同时在外语系讲授法语。精于文艺批评，代表性著作是 1930 年完成的博士论文《纪德的态度》。这篇论文在欧洲、亚洲、美洲都产生过广泛的影响。到云大后，发表过《欧洲旧现实主义的成就和缺点》（《云南大学报》1956 年 6 月第 1 期）、《试论文学中典型性的创作过程》（云南大学《人文科学杂志》1957 年第 1 期）等文章。1958 年因在反右运动中受迫害而投河自尽。

23. 张家麟

张家麟（1918—1984 年），云南鹤庆人。1936 年就读北平师大历史系。

1940 年毕业后回昆明,曾在昆明几所中学任教,并任私立护国中学校长。
1947 年到美国威斯康星大学州立大学学习,获历史硕士学位。1951 年回
国,在北京华北人大政治研究院工作,1952 年 1 月到云南大学任副教授,
1983 年晋升为教授。1956 年参加中国民主同盟。1980 年加入中国共产党。

张家麟讲授过"世界近代史苏联史""中国近代史""美国史"等课
程。撰写的《1844 年美国强迫中国签订望厦条约的经过》,刊于云南大学
《人文科学杂志》(1958 年第 3 ~ 4 期合刊)。参加译校的卡尔·桑德堡《林
肯传》,1978 年由三联书店出版。校订赵嘉文译的《东南亚史》,由云南省
历史所出版。翻译的珀西·塞克斯《阿富汗史》(四册,60 万字),1972 年
由商务印书馆出版,是西南亚史学权威性重要著作。

24. 张瑞纶

张瑞纶(1906—2000 年),河北宛平人。1928 年考入中法大学预科,
一年后转入化学系本科。1933 年官费送往法国里昂大学理学院学习。1935
年获硕士学位,1938 年获法国自然科学博士学位后于当年 11 月回国。到云
南省建设厅化验所任技正,同时兼任云南大学讲师。1944—1950 年任云大
理学院教授、医学院教授,兼化学系主任和医学院附设医院副院长。1950
年任云大总务长。1954 年昆明工学院建院,他是筹备组负责人之一。1956
年昆明医学院建院时,他也是筹建人之一。1957 年调滇南大学任副校长,
负责筹建这所新学校。1963 年调昆明工学院任副院长。1956 年参加中国民
主同盟。1957 年加入中国共产党,曾任昆明工学院党委常委。1953—1957
年当选为昆明市五华区人民代表,曾讲授过"无机分析""无机化学""生
物化学"等课程。

25. 张福华

张福华(1914 年 4 月—1992 年 5 月),云南昆明人。1928 年考入东陆
大学(云南大学)预科,后又考入青岛大学数学系。因参加学生运动被开

除学籍。1933 年考入北平师大数学系。1937 年到云南大学数学系任教，先后被聘为讲师、副教授，1953 年晋升教授。曾任数学系常微分方程教研室主任。1953 年加入中国民主同盟。先后讲授过微积分学、微分方程、复变函数、近世代数等课程。无论是讲新课还是讲讲过的课程，他都注重备课，将其归纳为"三遍备课法"，在学校推广，取得很好的教学效果。先后于全国性、省、学校科研物上发表过 4 篇论文，并与人合译过一本《高等数学习题集》出版。其《普通项为 W 的一种级数》一文开创了云南数学工作者对近代数学分析的研究。

26. 张德光

张德光（1913 年 11 月—1986 年 1 月），湖南攸县人。1935 年考入北京大学历史系，1939 年秋毕业于西南联大，先后在衡阳中学、岳云中学、攸县中学任教。1946 年 6 月应聘到兰州大学任教。1948 年到云南大学文史系任副教授，1978 年 3 月晋升教授。1952 年，云南大学在院系调整中撤销文史系，他受命组建历史系，担任系主任达 31 年。1958 年负责筹建云南省历史研究所，兼任副所长。1964 年任云南大学副教务长。同年，又受命筹建西南亚研究所，兼任副所长，1979 年改任所长。1952 年 3 月加入中国民主同盟，担任过云大民盟支部组织委员。1982 年任民盟云南省委常委兼宣传部长。1957 年加入中国共产党。讲授过"世界通史""中国思想史"等课程。对中国思想史作过研究，发表过论文若干篇，受教育部委托主编《中国古代史论选》。

27. 陆元芳

陆元芳（1924 年 9 月—2012 年 12 月），云南昆明人。1944 年 8 月—1948 年 8 月在云南大学农学院农艺系读书。1951 年到云大生物系任教，1978 年被聘为讲师。1956 年加入中国民主同盟。担任过"普通植物学实验""植物形态学实验"等课程的教学工作，参加过"冷杉的木材结构分析其材质的优良性"等课题的研究。

28. 武希辕

武希辕（1916 年 11 月—1987 年 3 月），云南思茅人。1938 年由昆华中学考入南京中央政治学校新闻系，1942 年毕业后在《正义报》等单位工作，1945 年到美国密苏里大学新闻学院读书，1947 年在美国密苏里大学哲学系研究生肄业。1951 年 1 月回国，在华北革大政治研究院学习。1952 年进入云南大学，任图书馆采购编目部副主任。1955 年在历史系任讲师，1978 年晋升副教授，1986 年晋升教授。1957 年参加中国民主同盟。讲授过"世界上古史""印度史"等课程。对印度种姓制度、东西方奴隶制度社会和封建社会的比较，进行了比较深入研究，提出自己的见解。在《思想战线》《南亚译丛》等刊物上，发表过一系列关于印度种姓制度的研究文章，获得同行专家的好评。翻译古里的《种姓、阶级与职业》一书，约 40 万字。

29. 周文煜

周文煜（1908 年 10 月—1992 年 2 月），山东聊城人。1932 年从北京私立大同中学考入四川大学中文系，1938 年毕业后在成都、昆明的中学任教。1950 年在省立英专任国文讲师。1951 年在云南民族学院作少数民族语言调查研究工作。1954 年到云南大学中文系任讲师。1960—1962 年任红河师范学院、滇西大学中文系主任。1962 年回云大中文系。1981 年晋升副教授。1948 年加入新民主主义青年联盟，1955 年加入中国民主同盟。讲授过"语言学引论""现代汉语""古代汉语"等课程。著有《庄子注释》和《云南砚山县侬语（壮语）》三卷（包括侬语的语音系统一卷，词汇词组一卷，句子故事民歌一卷）及《大理喜洲白语的音系及词汇》一卷。论文有《白语导言》《白语与西夏语的关系》等。

30. 赵崇龄

赵崇龄（1916—1996 年），云南华宁人。1939 年，在重庆国立政治大学读书。1943 年在云南省财政厅任会计员等。1944—1948 年在中国侨民银行任职。1948—1950 年在美国宾夕法尼亚大学沃顿学院学习，获工商管理硕士（MBA）。1950 年 12 月，响应周总理号召回到中国。1951 年后到云南大学经济系、政治系任副教授，1981 年晋升教授。1955 年加入中国民主同盟，担任过民盟学习组长。讲授过"国营企业会计""政治经济学""外国经思想"等课程。发表学术论著《论储蓄》《亚当·斯密的经济学说》等数十篇。对现代西方经济学名目繁多的学派、流派进行了系统的归纳、分析，对西方现代经济学主流学派的演变、形成和特征提出了独到的见解。

31. 赵雁来

赵雁来（1900 年 2 月—1991 年 1 月），河北蠡县人。1920 年到法国勤工俭学。1928 年毕业于法国里尔大学化学院，获化学工程师职位。1930—1933 年间先后获硕士、博士学位。1934 年回国，致力于云南的褐煤开发利用。同年受聘到云南大学任教。1937 年受熊庆来校长委托，筹建理化系，任教授兼系主任。1940—1945 年兼理学院院长、云南大学嵩明马坊分校主任。新中国成立后，长期担任化学系有机教研室主任。1956 年加入中国民主同盟，1959—1987 年任民盟云南省委常委；云南省政协二、三、四届常委。讲授过"有机化学""有机分析"等课程。主编《杂环化学导论》（1992 年高等教育出版社出版），主持翻译《有机合成中的杂环化合物》（1985 年中国化学工业出版社出版）。他在法国期间提出的炔醇、溴炔及二炔的合成方法，被国外教科书引用。

32. 袁绩藩

袁绩藩（1918—1974 年），云南石屏人。1936 年由昆华高级工业职校考入省立云南大学采冶系，后转入四川大学农学院。1938 年在柳州第六军分校读书。1940—1943 年在祥云机场、云南日报社、云南省立英专任职。1943 年在云南省公费留美预备班学习。1945 年 8 月到美国康奈尔大学劳工学院读书。1948 年 2 月在美国威斯康星大学研究院获劳工经济硕士学位后任助教。1951 年 6 月回国，9 月到云南大学社会系任副教授。社会系撤销后，转到外语系任副教授。1953 年 5 月参加中国民主同盟，1963 年任民盟云大支部外语系小组长。讲授过"工人运动""劳动保险"等课程。与朱应庚等合译过《费边论丛》（1958 年生活·读书·新知三联书店出版）、《繁荣与萧条》（1963 年商务印书馆出版），独自翻译过《英国海外帝国经济史》。

33. 顾建中

顾建中（1913 年 2 月—1999 年 5 月），贵州贵阳人。1933 年考入北平师范大学物理系。1937 年获理学士学位，适逢熊庆来在北平招揽人才，由他的老师文元模介绍来云南大学理化系任教。1940 年任讲师，1947 年被聘为物理系副教授，1950 年晋升教授。曾任普通物理教研组组长。1956 年参加中国民主同盟，曾任民盟云大支部委员及主委、民盟云南省委候补委员、委员及常委。1983 年出席中国民主同盟第五次全国代表大会，1988 年为民盟云南省委顾问及教育委员会副主任。云南省政协第三、四、五、六届委员、常委。讲授过"原子物理""普通物理学"等课程。编写《普通物理学——力学部分》《普通物理学——分子物理学部分》，1961 年由人民教育出版社出版。《普通物理学简明教程》（力学部分），1978 年由人民教育出版社出版，并列为全国高校物理专业使用教材。曾任云南省物理学会副理事长，中国高校物理教材编审委员会委员等职，是云南省有突出贡献的专家，享受政府特殊津贴。

34. 徐天祥

徐天祥（1914—1981 年），云南峨山人，1935 年由昆华中学考入四川大学数理系。1939 年大学毕业后，先后在成都空军军士学校任数学教官、昆华中学任数理教员，还担任过昆华中学校长、昆明科学馆馆长。1947 年被聘为云南大学数学系讲师，1980 年晋升副教授。1949 年 12 月参加云南起义，任云南人民临时军政委员会文教处副处长，负责迎接解放军进城及教育行政工作。1950 年 4 月返回云大继续在数学系任教，并兼任数学系秘书，协助系主任处理日常事务。徐天祥于 1950 年 10 月由高国泰、符开甲介绍参加中国民主同盟。讲授过"微分方程""高等代数""数学分析""立体解析几何"等课程。

35. 徐知良

徐知良（1902 年 12 月—?），河北遵化人，中国民主同盟成员。1929 年北平国立师范大学史学系毕业，曾任国立西北联合大学讲师，国立贵阳师范学院副教授、教授。1947 年到云南大学历史系任教授，讲授过"考古学"等课程。1926 年在北师大曾参加过共产主义学习小组。

36. 徐绍龄

徐绍龄（1920 年 7 月—2013 年 10 月），浙江定海人。1936—1941 年在杭州笕桥中央航空学校及昆明第十飞机修理厂学习。1941 年考入云南大学化学系，1945 年毕业留校，1949 年任讲师，1956 年晋升副教授，1978 年晋升教授。1978 年任化学系副系主任，1980 年任系主任。1950 年加入新民主主义联盟。1953 年加入中国民主同盟，任盟小组长。1980 年选为昆明市政协常委。1956 年 5 月加入中国共产党。长期担任无机化学方面的教学及从事云南省磷矿综合利用及磷酸盐无机粘接剂等科研工作，讲授过"普通化学""工业化学"等课程。担任《粘接》杂志副主编及大型丛书《无机化学》第九卷主编。发表论文 20 余篇，其中《K-200 磷酸盐高强度无机粘接剂》，获 1981 年机械工业部和云南省科技成果奖三等奖。

37. 郭文明

郭文明（1909—1992 年），北京市人。1928 年在北平中法大学读书。1933—1938 年先后在法国什诺农业实习学校、都鲁司大学农学院、巴黎法国国立农学院读书，获研究生班学历。1939 年回国，在云南省建设厅呈贡果树试验场任副场长。1940 年在昆明中法大学理学院任讲师，1941 年起在云南大学农学院、医学院、理学院生物系任教授。1953 年任云南大学农学院园艺系主任，1963 年任生物系副主任。1949 年加入中国新民主主义联盟。1955 年加入中国民主同盟，1960 年加入中国共产党。讲授过"植物病理学及遗传学""进化论""普通生物学""果树学"等课程。著有《生物遗传与变异》（人民教育出版社 1981 年出版），论文有《关于生物变化和发展的根本规律》（《遗传学报》1976 年 12 月）等。

38. 傅懋勉

傅懋勉（1914—1974 年），山东聊城人。1932 年考山东齐鲁大学中文系。抗战爆发后，辗转到昆明入西南联大中文系学习。1938 年毕业后在保山、大理等地中学任教。1941 年 11 月回西南联大做助教。1942 年 8 月考入清华研究院，研究《楚辞》。1944 年获得研究生资格后在昆明中法大学、呈贡东方语文学校任讲师。1946 年到云南大学文史系任讲师，1948 年聘为副教授，曾任中文系中国古典文学组组长。1953 年加入中国民主同盟，1963 年任民盟云大支部委员及民盟云南省委委员。讲授过"中国文学史""语文概论"等课程。他文学功底扎实，课堂语言简练，又深入浅出、通俗易通，颇受历届学生欢迎。曾在《国文月刊》和《云南论坛》上先后发表过《从绝句的起源说到杜工部的绝句》《谈律诗》《白乐天的格律》等文章。

39. 黎继岚

黎继岚（1925 年 4 月—2008 年 1 月），湖北宜都人。1948 年考入四川大学生物系，1952 年大学毕业被分配到云南大学生物系任教。1978 年评为讲师，1981 年晋升副教授，自主评审为教授。1955 年 7 月在云大由杨白仑介绍加入中国民主同盟，担任过盟小组长。讲授过"植物学""植物生理学"等课程。从事花粉培养的研究工作，参加《植物营养》一书"光合作用"一章的编写工作，由云南人民出版社出版。发表过《西双版纳干热季巴西橡胶树的蒸腾速率的研究》等 4 篇论文，以及翻译文章 2 篇。

三、1950—1958 年在云南大学加入民盟，院系调整后划到其他院校的部分教职工（15 人）简介

1. 王源璋

2. 刘纯鹏

3. 李梦庚

4. 黄佑文

5. 谭庆麟

6. 杜　棻

7. 梁家椿

8. 蓝　瑚

9. 刘崇智

10. 李念秀

11. 徐永椿

12. 段永嘉

13. 黄础平

14. 纳信真

15. 胡以仁

1. 王源璋

王源璋（1910—1997 年），山东黄县人。1929 年考入比利时国立列日大学采矿系。1936 年回国，在上海私立光华大学任副教授。1938 年到昆

明，被聘为云南省建设厅技正。1946 年到云南大学工学院矿冶系任教。1952 年任云大副教务长。1954 年参与筹建昆明工学院，任教务长。1979—1983 年任昆明工学院副院长。1952 年加入中国民主同盟，历任民盟昆工支部主任委员，民盟云南省委第六、第七届副主任委员，民盟中央委员、参议委员会委员。云南省第三、第五届人大代表，云南省政协第一、二、六届委员，全国政协第六届委员。为矿冶系学生讲授过"采矿学""测量学""材料力学"等基础课程。

2. 刘纯鹏

刘纯鹏（1917 年 6 月—2003 年 9 月），四川成都人。1937 年考入重庆大学矿冶系，1941 年毕业后在重庆大学矿冶系任教。1952 年调入云南大学工学院矿冶系，1954 年昆明工学院独立建校后，转入昆明工学院冶金系。20 世纪 50 年代初加入中国民主同盟，曾任民盟云南省委常委，云南省政协第四至六届委员。讲授过"有色冶金"等课程。刘纯鹏是冶金高温熔体实验研究的奠基人，微波冶金和等离子体冶金的开拓者，从 1958 年到 1997 年先后发表过有关有色冶金理论和技术应用方面的论文 80 余篇，其中约一半以上发表于国家一级杂志和国际论文集中。

3. 李梦庚

李梦庚（1907—1997 年），湖南邵阳人。1935 年毕业于湖南大学矿冶工程系，先后在上海、湖南、湖北、广西等地工作。1941 年来到云南，负责云南锡业公司冶炼技术工作。1945—1947 年曾赴美国、加拿大厂矿实习和工作。1950 年后先后在贵州大学和云南大学任矿冶系教授。1954 年昆明工学院成立后，调入昆工冶金系任有色冶金教研室主任。李梦庚是现代锡冶金火法精炼技术的奠基人，连续螺旋结晶机的发明者，曾获全国科技大会和国家科技进步等多项奖励。20 世纪 50 年代初加入中国民主同盟。

4. 黄佑文

黄佑文（1917—1990 年），湖南湘潭人。1936 年考入上海交通大学电机系。1938 年前往法国留学。1942 年考入巴黎矿冶学校，1947 年从该校实用地质研究班毕业，获采矿工程师学位证书。1948 年应熊庆来校长聘请，任云南大学矿冶系教授。1954 年院系调整后，先后任昆明工学院采矿系主任、地质系主任、学院副教务长。1952 年加入中国民主同盟，后被选为民盟云南省委常委、昆明工学院民盟支部副主任委员。1982 年加入中国共产党。1988 年退休。历任云南省政协第一、二、三、四、五届委员。讲授过"岩石学""工程地质学"等课程。

5. 谭庆麟

谭庆麟（1922—2000 年），云南昆明人。1941 年考入西南联大机械系。1943 年入选云南省公费留学预备班，1945 年到美国理海大学学习，获冶金工程学士学位，1948 年在普渡大学习，获冶金工程硕士学位。1949 年回国，任云南大学工学院矿冶系副教授。1954 年昆明工学院独立建院后，任冶金系主任。1958 年 12 月任昆明冶金陶瓷研究所副所长，1978 年任所长。1981—1983 年任昆明工学院院长。1983—1989 年任云南省人民政府经济研究技术中心总干事。1953 年 5 月加入中国民主同盟，1956 年加入中国共产党。第五、六届全国人民代表大会代表，中国共产党云南省第三、四届党代会代表。著有《铂族金属——性质、冶金、材料、应用》，创办《贵金属》期刊并任主编。

6. 杜棻

杜棻（1905—1997 年），河北琢县人。1931 年北平中法大学毕业后赴法留学，在法国里昂大学医学院学习，1940 年获医学博士学位后回国。1941 年，到昆明创办省立仁民医院，并任院长。同时，协助戴练江等创建国立云南大学附属医院，任该院妇产科主任。1943 年被聘为云南大学医学院院长。1956 年云大医学独立建院为昆明医学院，杜棻为首任院长，直至 1968 年，期间曾兼任云南省卫生厅副厅长及昆医附属院长多年。1950 年加入中国民主同盟，曾任民盟云大支部主委，民盟云南省委第四、五、六届副主任委员，民盟中央委员、参议委员，云南省人大代表、人大常委，云南省政协常委。

7. 梁家椿

梁家椿（1910—1976 年），广东番禺人。1926—1932 年先后就读于南开大学和武汉大学，攻读生物和化学。1932 年赴德国留学，1937 年获柏林大学牙医学博士学位。回国后在汉口市开办牙科诊所。抗战爆发后，到桂林重开牙科诊所。1939 年日军轰炸桂林，其住所被炸毁，辗转来到昆明，曾任云南省立昆华医院牙科主任。1946 年 2 月应熊庆来校长聘请，任云南大学医学院教授；1952 年任云大附属医院院长、口腔科主任。1956 年云大医学院独立建成昆明医学院，云大附属医院也改为昆明医学院附属医院，梁家椿任医学院副院长兼附属医院院长。20 世纪 50 年代初在云南大学加入民盟，当选为省政协第二、三届委员。

8. 蓝 瑚

蓝瑚（1915—2014 年），河北昌平人。1936—1939 年就读于法国里昂大学医学院。1942 年完成博士论文并获得医学博士学位。曾在法国 Sainte Etienne 市立医院任住院医师。1945 年回国，到天津市立第三医院任外科主任。1947 年应云南大学医学院赵明德教授邀请前来任教，受聘为云大医学院教授，担任外科学、解剖学等课程的教学工作，并任附属医院外科主任兼医务主任。新中国成立初期举办西南医学专科师资培训，培养了一批解剖学师资。医学院脱离云大独立建院后，曾任昆明医学院教授、副院长。20 世纪 50 年代加入中国民主同盟，1978 年加入中国共产党。历任省政协委员及第五、六、七届全国政协委员。1983 年参加编写《局部解剖学》教材，主编《普通外科诊疗常规》（1987 年）、《手术失误及处理——普外分册》（1990 年）。

9. 刘崇智

刘崇智（1915—1997 年），河北任丘人。著名胸外科专家。1935 年就读于法国里昂大学医学院，1942 年获得博士学位后，曾在里昂迪厄医院工作。1945 年回国后，一直在云南大学医学院任职。1956 年后担任昆明医学院教授、副院长兼第一附属医院外科主任。他在云南率先建立了泌尿外科和心胸外科。20 世纪 50 年代初在云南大学加入中国民主同盟，20 世纪 80 年代加入中国农工民主党。曾任第六届全国政协委员、云南省政协常委，中华医学会外科学会委员、云南省外科学会主任委员等。

10. 李念秀

李念秀（1914—2009 年），女，河北保定人。1943 年法国里昂大学医学院毕业，获博士学位。1945 年回国，任天津市立第三医院妇产科主任。1947 年任云南大学医学院教授兼附属医院妇产科主任。1961 年起专攻阴道镜学，1982 年出版中国第一部《阴道检查学》。李念秀毕生从事妇产科教学和临床工作，曾任云南省妇产科学会主任委员。20 世纪 50 年代初在云南大学加入中国民主同盟。

11. 徐永椿

徐永椿（1910 年 11 月—1993 年 8 月），江西新建人。1934 年考入中央大学森林系，毕业后到设在四川峨边县的中国木业公司四川分公司工作。1939 年 7 月到云南大学农学院任教，被聘为讲师、副教授，1951 年晋升为教授。1955 年任林学系主任。1958 年云大农学院独立成立昆明农林学院后，仍任林学系主任。1973 年成立西南林业学院后，任副院长、院长。20

世纪 50 年代加入民盟。1958 年担任昆明农林学院首届民盟支部主任委员。1979 年加入中国共产党。在云大期间曾讲授过"森林利用学""森林经理""普通植物及实验"等课程。他经常去野外考察，采集标本数上千号，尤其是在台湾采集到不少标本，使云大农学院树木标本室成为大陆收藏台湾标本较多的标本室之一。他数十年如一日在林业教育园地辛勤耕耘，培养出大批的林业专门人才，为云南的林业教育、科学研究做出了卓越贡献。

12. 段永嘉

段永嘉（1910 年 3 月—2004 年 9 月），吉林四平人。1931 年考取日本北海道大学农业生物学科植物病理专业。1937 年毕业并获农学士学位后回国。先后在无锡江苏教育学院农业教育系、广西大学农学院、湖南农业专科学校任教。1944 年 8 月到云南大学农学院农艺系任教授兼系主任。1953 年加入中国民主同盟，后曾任民盟云南省委第三、六、七届常委，第七届文教委员会委员，第八届文教委员会主任，第八、九届省委顾问委员会顾问，民盟第四次全国代表大会代表，省政协第四、五届常委。1958 年云大农学院独立建院，先后成为昆明农林学院、云南农业大学，段永嘉任教授及农学系、植保系主任。1990 年 5 月评选为全国农业劳动模范。他编著出版的《植物病原菌学》（1947 年），对植物保护系的学生了解植物病理学原理起到重要作用。他 1962 年开始讲授植物病毒学，是国内较早开出该课程的教师之一。他在防治水稻白叶枯病及稻瘟病、云南烟草病毒研究、云南花卉杂色研究等方面做出了重要贡献。

13. 黄础平

黄础平（1919—1992 年），广东广州人。1948 年 8 月毕业于国立云南大学农学院农艺系，后留校任教。20 世纪 50 年代初加入民盟。云大农学院独立建校后，曾任云南农大民盟第二届（1980—1986 年）、第三届（1986—1990 年）支部委员会宣传委员，民盟云南省委第六届候补委员、第七届常委、第七届科技委员会委员、第八届科技委员会副主任，民盟云南省委第八、九届委员会顾问，民盟第六次全国代表大会代表。

14. 纳信真

纳信真（1924年4月—1991年11月），云南开远人。1947年从云南大学农学院农艺系毕业后留校任教。20世纪50年代初加入中国民主同盟。1958年农林学院脱离云南大学独立建校后，曾任昆明农林学院民盟第一届支部委员会组织委员，云南农大民盟第三届支部委员会副主委，民盟云南省委第八届科技委员会委员。

15. 胡以仁

胡以仁（1920年12月—2015年10月），云南昆明人。1947年6月从云南大学农学院农艺系毕业留校任教。20世纪50年代初加入民盟。云大农学院独立建校后，曾任云南农大民盟第二届支部委员会组织委员，民盟云南省委第五、六、七届委员，省政协第四、五届委员。

（刘兴育、肖宪）

附　录

龙云与民盟关系论略

张巨成　黄学昌

　　龙云、民盟、共产党、国民党，在 20 世纪 40 年代的云南历史上，合纵连横、纵横挥阖、翻云覆雨，演出了一幕又一幕惊心动魄的历史剧。民盟借龙云的"势"来发展自己、弘扬自己的"道"。龙云对民盟给予支持、保护的同时也借民盟的力量来与蒋介石分庭抗礼。龙云与民盟互相借重、互相帮助，关系密切。因而，我们研究民盟的历史，不能不研究龙云与民盟的关系问题。

一、民盟和民盟云南地方组织

　　民盟是中国民主同盟的简称，中国民主同盟原来的名称是中国民主政团同盟，1941 年 3 月 19 日，在重庆秘密成立。9 月 18 日，中国民主政团同盟的机关报——《光明报》，在香港公开出版。10 月 10 日，《光明报》发表"启事"，宣告中国民主政团同盟已在重庆成立，并发表了经过修改的《中国民主政团同盟对时局主张纲领》（即"十大政治纲领"）和《中国民主政团同盟成立宣言》，公开了民盟组织。

　　民盟建立后不久，即着手建立民盟的地方组织，以扩大民盟的力量。1942 年底，民盟中央派民盟中央常委、宣传部长罗隆基到昆明建立地方组织。民盟中央决定在昆明建立地方组织，是因为昆明是地方实力派龙云统治的地区，龙云与蒋介石有矛盾，昆明的民主气氛浓厚，民主力量较强。

　　罗隆基到昆明后，即与在西南联合大学和云南大学担任教授的盟员潘光旦、潘大逵、周新民等人一起积极进行筹备工作，将西南联大和云大的一些教授和高级知识分子发展入盟，并于1943年5月正式成立中国民主政团同盟的第一个地方组织——昆明支部。罗隆基担任支部的负责人并兼宣传委员，周新民任组织委员，潘光旦任财务委员。昆明支部拥有一些名教授（如潘光旦），使得民盟在各界人民中，特别是在知识分子中的声望大大提高，从而也扩大了民盟的影响。

1943年夏秋，昆明支部领导人向民盟中央正式提出，坚决要求将"中国民主政团同盟"改为"中国民主同盟"，取消"政团"二字。这个意见得到了盟内外多数人的赞成。1944年9月19日，中国民主政团同盟全国代表会议在重庆召开，会议决定将中国民主政团同盟改为中国民主同盟，并决定取消民盟的团体会员制，以后盟员一律以个人名义加入。10月1日，民盟昆明支部召开全体盟员大会，决定将"中国民主政团同盟昆明支部"改为"中国民主同盟云南省支部"，通过了"民盟云南省支部执行委员会组织简章"，选举罗隆基、潘光旦、周新民、潘大逵、李公朴、闻一多、楚图南、吴晗、费孝通为委员。罗隆基任主任委员，周新民任组织委员，潘大逵任宣传委员，吴晗任青年委员。12月，创办了民盟云南省支部的机关刊物——《民主周刊》。民盟云南省支部有盟员近200人，多数为教育界人士，内有不少教授、学者，并且还有一些名教授、名学者，成员除分布在昆明外，个旧、建水、大理、石林等地也有民盟的组织。民盟云南省支部是一个组织较为严密，领导比较健全，很有战斗力的支部。它和中共云南地下组织及其在西南联大、云南大学等校学生中建立的"中国民主青年同盟"有密切联系，并互相配合，开展民主运动。①

---

① 参考民盟中央文史委员会编写的《中国民主同盟简史》，群言出版社，1991，第21、22页。

二、龙云和民盟的交往

龙云（1884—1962 年），字志舟，原名登云，彝族，云南省昭通县（现为昭通市）人。1928 年 1 月—1945 年 10 月任云南省政府主席。1928 年被蒋介石委任为国民党云南省政府主席，国民革命军第三十八军军长，第十三路军指挥，率部统一云南。1935 年任国民党中央"剿匪"第二路军总司令，指挥所部堵截长征途中的红军。抗日战争时期，所部第六十军开赴前线，奋勇抗日，功勋卓著；龙云先后担任军事委员会委员长昆明行营主任、军事委员会驻滇干部训练团副团长、陆军副总司令等职，在云南组织人力物力，支援全国抗战。

龙云虽然是国民党中央政府任命的云南省政府主席，但他与国民党中央政府貌合神离。龙云在云南建立了忠于他的军事、政治、经济体系，从而使国民党中央政府的许多重要政令未能在这个重要的边疆省份得到执行。在云南，中央政府的权威受到严重削弱，统治的权威是龙云而不是蒋介石。龙云在云南的统治实质上是国家内部的割据，当时就有"云南王""土皇帝"之称。

面对强大的国民党中央政权，民盟的发展非常需要借助龙云的势力，民盟在云南的发展所急需的活动经费更需仰仗龙云的支持。龙云也需要利用民盟来与国民党中央政府对抗。龙云对民盟给予了积极的支持和巨大的帮助，但这却给龙云带来了危险，因为蒋介石对龙云的这一举动"深为痛恨"。龙云后来回忆说："抗战期间，在昆明的爱国民主人士很多，尤其是西南联大的教授和我随时都有接触和交谈的机会，谈到国家大事，所见都大体相同。对于蒋介石的集权独裁统治，大家都深恶痛绝。他们都反对内战，希望抗战胜利后召开国民代表大会，制定民主宪法，用以束缚蒋介石，实行中山遗教，这也就是我当日的愿望。所以，我对昆明汹涌澎湃的民主运动是同情的。张澜派人对我说，组织民盟有许多困难，我就竭力鼓励他放手干，我愿尽力帮助。后来，刘文辉对民盟也与我采取一致行动。蒋介石因此对我深为痛恨，认为我碍手碍脚，决心要拔除我，后来就发动了昆明事变。事变后，我去到重庆，蒋介石就开始对昆明民主运动大加迫害，因而相继发生了‘一二·一’惨案和李公朴、闻一多被杀事件。"①

龙云喜欢和高级知识分子交朋友，其中有些高级知识分子是反蒋的民主人士或者中共党员，如中共地下党员华岗和民盟领导人罗隆基。罗隆基是民盟中央执行委员、常务委员，民主政团同盟（民盟前身）昆明支部、民盟云南省支部的负责人，西南联大教授，抗战期间罗隆基对国民党中央政府进行了猛烈的抨击，以致国民党中央政府在1941年恼羞成怒地下令解除了他的联大教授职务和国民参政会会员的职务。但是，罗隆基却受到了龙云的礼遇。1944年，当国民党政府坚持要把他驱逐出云南时，龙云一口回绝，并不软不硬地回答说他会严密监视罗隆基的。龙云始终否认在经费上资助民盟，但实际上，当民盟出版的刊物遇到经济困难时，龙云也曾慷慨解囊，帮助其渡过难关。此外，一般人都知道，龙云在昆明的公馆有一半充作了西南联大的宿舍。能在这里享受衣食住行照顾的，不是中央政府派来的党徒，而是一些自由主义思想很浓的教授学子。②

龙云是国民党中央政府的"反对派"，在他的庇护之下，昆明成了国统区的一个比较自由的城市，这又主要表现在言论自由方面。抗战时期和抗战后的一小段时间内，昆明创办了许多民主报刊，如民盟云南省支部的机关刊物《民主周刊》《自由论坛》（云大学生创办）和《时代评论》《人民周报》《中国周报》《妇女旬刊》《时代妇女》《学生报》《昆明新报》《文艺新报》《大众报》《真理周报》等。江南著《龙云传》称：当时，昆明的公园，在文人的宣传下成了"海德公园"，可以自由张贴海报、自由讲演。昆明的"民主堡垒"之称，也应运而生。

---

① 龙云：《抗战前后我的几点回忆》，《云南文史丛刊》1985年第1期。
② 参考［美］易劳逸著《蒋介石与蒋经国》中译本，中国青年出版社，1989，第29、30页。

抗战时期，龙云数次被蒋介石召到重庆述职，民盟主席张澜曾多次与龙云交往，积极争取龙云加入民盟。龙云同意加入，但不公开，作为秘密盟员。龙云入盟一事，当时在民盟中央委员会中也未公开，只是几个常委知道，由民盟中央主席张澜和他直接联系。1944 年底的一天，龙云约请楚图南、闻一多、冯素陶到他的寓所座谈，设宴招待楚图南等人，并举行了入盟仪式。龙云的秘密入盟仪式，是在龙云写了入盟申请书并获得批准后举行的。在入盟仪式上，当龙云宣读完誓词后，即将入盟申请书和誓词当着监视人焚毁。龙云秘密加入民盟后，虽不参加民盟的公开活动，也不出席盟内的组织生活会议，但在经济上给民盟以很大的支持，在人事安排上也给盟员以一定的方便，并明令保障云南人民的民主自由权利，提倡言论、出版自由，允许游行、示威。① 加入民盟，说明了国民党政府的这位封疆大吏或多或少对民盟的民主自由思想有了一定的认同。

1945 年的五四前夕，在中共云南地下组织的领导和推动下，云南民盟和昆明各大学学生自治会商定，准备借纪念五四的机会，在 5 月 4 日举行大规模的集会和游行，宣传民主、团结，争取抗日战争的最后胜利。国民党中央党部闻讯后，密令云南省党部和各校负责人"严加防范"，并特派何应钦来昆明部署镇压。何应钦欲设一毒计，试图在学生上街游行的时候派特务捣乱，引起地方军警的干涉，趁混乱中造成学生与地方军警的冲突，既破坏民主运动，又制造学生与云南地方势力的矛盾，达到镇压昆明民主运动的目的。中共地下组织洞悉了这个阴谋，并通过学生中的党员把这一情况告知各校学生自治会。几所大学的自治会负责人开会商量对策，大家决定设法通知龙云，在五四那天不要中何应钦的诡计，并推举云大学生自治会负责人杨维骏为代表去见龙云，说明情况。龙云说："你们历次发表的宣言我都看过，讲得很对。蒋介石这个独夫把国家搞得一团糟。你们青年学生出来说话是应当的。我可以通知何应钦叫他不要管学生在五四的活动，

---

①　参考谢本书著《龙云传》，四川民族出版社，1988，第 189 页。

治安由我负责。但你们最好不要上街游行，以免给蒋介石借口，增加我们地方的困难。你们在校内举行集会，我还可以派宪兵来，名义上是监视，实际是保护。在学校内容易防止他们破坏。"杨维骏同意回去与其他学生自治会的负责人商量。几所大学的学生自治会负责人经过反复商讨后，决定按原计划行动，并由杨维骏将决定通知龙云，希望双方都注意防范特务的捣乱。龙云当即打电话给何应钦，告诉他不要管学生的活动，否则出了问题要何负责。何见阴谋已被识破，只得作罢。① 这样，在龙云的保护下，1945 年 5 月 1 日至 7 日昆明大、中学生的五四纪念周活动得以如期举行。

1945 年 10 月 3 日，蒋介石指令杜聿明在昆明发动事变，用武力强行改组云南省政府，强迫龙云离开云南，到重庆去就任"军事参议院院长"职务。10 月 6 日，龙云与何应钦、宋子文同乘一架飞机从昆明飞到重庆。龙云到重庆后，出于对蒋介石的仇恨，他对民主党派的支持就采取了更加积极的态度。最初是民盟的领导人罗隆基、梁漱溟经常到重庆李子坝龙云官邸访问龙云，彼此交换对时局的意见。后来政协（旧政协）快要开会，民盟缺乏经费，罗隆基到李子坝对龙云说明困难后，龙云开了 2000 万元法币的支票（当时等于黄金 10 千克）一张，派秘书刘宗岳送到"鲜园"，面交民盟主席张澜。张澜接到支票，很高兴地对刘宗岳说："龙志公对我们一向大力支持，我代表民主同盟表示感谢；但我和龙先生神交已久，还未会面，我准备到李子坝奉看他，请你代为转达，约个时间。"刘宗岳向龙云汇报后，约定次日晚上在李子坝会晤。第二天，龙、张如期会晤，大约谈了两个钟头。送走张后，龙云对刘宗岳说："张表方（张澜）要我出面担任民盟主席，我回答说主席你当，我在幕后尽力支持好了！"

1946 年 3 月，国民党政府还都南京。龙云本来想先回昆明，然后去香港，但蒋介石不允许，只好去南京。龙云在南京继续与民盟保持联系，并

---

① 参考杨维骏《回顾抗日战争时期云南民盟的活动》，载《云南文史资料选辑》第 30 辑，云南人民出版社，1987。

积极支持民盟的活动。1946 年夏，民盟筹备恢复上海《文汇报》，但因增添机器和向挪威购买纸张，款项不够，向龙云求援。龙云对刘宗岳指示说："你去上海一趟，李宝清保存着我的钱，你要他拨法币 5500 万元给《文汇报》，《文汇报》复刊后，他们要选董事，由你代表我担任好了！"刘宗岳到上海找到李宝清，传达了龙云的指示，约了《文汇报》经理颜宝礼晤谈两次，把 5500 万元的支票交给了颜。不久，《文汇报》就在上海正式复刊了。①

1948 年 12 月，龙云离开内地，到了香港，结束了被蒋介石软禁的生活。在香港，龙云又加入了中国国民党革命委员会（"民革"），并被选为民革中央委员。龙云虽然加入了民革，但和民盟仍保持密切关系。在香港那段时间，龙云和民盟的周新民、周鲸文等交往密切。香港《文汇报》经费拮据，徐铸成对龙云陈述了困难，龙云又拿出港币 2000 万元支援。一次，龙云与刘宗岳闲聊时，讲得高兴的时候问刘："你听见过吗？云南有些人说我三不给（不给钱、不给官、不给脸），你想，国家和老百姓的钱，怎么能随便乱花？至于对民主党派的支持，应该用的自然要用嘛！"②

1950 年 1 月，龙云离开香港去到北京。在北京，龙云先后担任了以下职务：中央人民政府委员、人民革命军事委员会委员、西南军政委员会副主席、西南行政委员会副主席；一届人大常委、国防委员会副主席；第二、三届政协常委，民革第二届中央委员、第三届中央常务委员会委员、副主席等职。1957 年，龙云被错划为右派。1962 年 6 月 24 日，龙云在北京病逝。1980 年 6 月，龙云的冤案得到平反。

三、几点分析

龙云和民盟都是时代的产物。清亡后建立的民国，从来就没有一个强

---

① 参考刘宗岳《我所知道的龙云》，载《云南文史资料选辑》第 6 辑，1964。
② 参考刘宗岳《我所知道的龙云》，载《云南文史资料选辑》第 6 辑，1964。

有力的中央政府，而地方势力却迅速崛起，并经常扮演中央政府的反对派角色。中央和地方对权力的分配格局是弱中央强地方。龙云的割据，民盟的存在和发展，说明了国民党中央政府对中国的控制是软弱的。在一个省搞割据的军事强人奉行的是省中心主义和地方主义，因此导致了这样的"忠诚分层"：对地方的政治忠诚超过了对中央的政治忠诚，甚至对中央的政治忠诚荡然无存。龙云是民国时期地方主义和军事主义（或称军阀主义）的典型代表人物之一。尽管他被任命为云南省政府主席，但他仍然还是一个拥兵自重的割据角色。他建立了自己的统治体系，在云南形成了他的"势"。龙云与民盟在反对蒋介石国民党一党专政这一点上是一致的。民盟基本上是由知识分子组成的，其中有许多著名的知识分子，在云南的民盟组织中，就有一些著名的知识分子。龙云靠武力建立了他在云南的统治，他似乎懂得要借助知识分子的力量，使他的统治点缀上一些"文治"的色彩。抗战时期，大量知识分子云集昆明，这给龙云提供了机会，也促使他来结交知识分子。龙云借重民盟的力量来与蒋介石对抗，对他自然有所帮助；民盟借助龙云的"势"，使民盟组织在云南得到了发展壮大。双方互相借重、互相帮助，共同反蒋。

龙云、民盟都对国民党中央政府的权威与合法性提出了怀疑和挑战，直到最后国民党的权威与合法性被彻底否定。中共领导的革命推翻了国民党在大陆的统治，用武力否定了国民党政权的合法性。但在另一层面上，国民党自身的反动、腐败使其丧失了权威与合法性。

（作者单位：云南大学马列主义教研部）

原载《云南学术探索》1995 年第 1 期（总第 25 期）

云南大学与西南联大互动关系之调查

刘兴育

　　西南联大成立以前，云南大学是云南唯一的最高学府，作为地方大学的领跑者，在办学方面有着自己的特色，一直受到地方政府的重视和大力扶植，发挥着自己独有的作用。西南联大则是由国内三所最负盛名的大学组成，人才荟萃，中国的许多著名学者都聚集在这所大学里，其教学科研以及学风等影响着国内教育的发展。

　　两校同处边陲之地，同时经受着抗日战争艰苦环境的考验，都取得了令世人瞩目的成绩，1946 年西南联大和云南大学均被英国《不列颠百科全书》列入中国十五所著名大学之内。

　　这样优秀的两所大学之间有无互动关系呢？为此，笔者从访问亲历者和查阅原始档案文件入手，展开了长达近十年的调查。2002 年 5 月—2003 年 1 月，笔者在昆明、北京、重庆、上海、天津等地采访了曾在两校任过教或读过书的学长以及他们的子女共 27 人。他们中有外籍院士、南开大学数学所创办人陈省身，中国科学院院士、中科院昆明植物研究所研究员吴征镒，原云南省政协副主席朱应庚，北京外国语大学教授文庄，云南民族大学教授杨志勇，原国家测绘局局长李晓，刘文典之子刘平章，以及云南大学教授李埏、杨貌仙、马忠民、陈年榜、王光诚等。他们以自己的亲身经历和所见所闻，回顾了两校在教学活动、学术研究及民主运动等活动中相互支持、共同发展的许多往事。此后笔者又查阅了存放在云南省档案馆的云南大学、西南联大民国时期档案，云大图书馆馆藏的民国时期《云南日报》《云南民国日报》《益世报》《扫荡报》等当时在昆明发行的几家主要报刊，从中获得了两所学校互相呼应、互相协助、互相支持、共兴学术、同济邦国的大量史实。本文以档案文献和报刊刊载的原始资料为依据，少作评论，多讲事实，客观地反映两校之间的互动关系。调查内容归纳为以下四个方面。

一、相互帮助，携手共进，推动学校建设发展

1937 年 11 月 1 日，北京大学、清华大学、南开大学在岳麓山下组成了长沙临时大学。开学一个月后，日军沿长江一线步步紧逼，危及衡山湘水，迫使长沙临时大学不得不考虑再次搬迁。关于搬迁的地点，广西当局曾表示欢迎到桂林或其他城市，而经济系教授秦瓒则主张迁往昆明，认为云南地处大后方，加之群山叠嶂，日军难以进犯，再说昆明有滇越、滇缅两条国际交通线，无论是搬迁还是今后的对外联络，都比较方便。临时大学常委对迁往何处一时未统一意见，于是梅贻琦致函云南大学校长熊庆来征求意见。熊庆来给梅贻琦的回电最终决定了临时大学迁往昆明。据石充之子石承增回忆说："1962 年中秋节过后，我到北京中国科学院家属院看望熊先生。交谈中熊先生谈到西南联大迁昆明的事。熊先生说梅先生曾来电征求意见，他支持临时大学迁到昆明，并告诉梅先生，他与龙主席、教育厅长关系很熟，临时大学迁到昆明他可以从中帮忙，提供帮助。梅先生就接受了他的建议。"随即临时大学常委统一了意见，并函请云大熊校长代觅校址。1938 年 1 月 27 日梅贻琦致电熊庆来道："昨已电龙主席、龚厅长，请指助日内先由张（伯苓）、蒋（梦麟）二先生来滇筹建，关于暂用房舍，务恳设法多觅，暂借或租均佳。"1938 年 2 月 10 日，临时大学常委蒋梦麟校长抵滇，敲定校址具体位置。

西南联大初到昆明的时候，不仅没有校舍，连师生的住宿均系租借。西南联大教师陈省身与另外四个同来的联大教授初到昆明的时候就暂住在熊庆来寓所的楼下。时任云大校长办公室秘书兼文史系副教授的徐嘉瑞将闻一多夫妇及胞弟闻家驷安顿在位于武成路福寿巷其大舅子家，将杨武之一家、陈梦家夫妇安排在其他的亲戚家居住。他还邀请游国恩先生同他住在位于福海村的家里。还有不少的联大教师暂住在云大教师的家里或者通

过他们帮助租借房屋。

云南师范大学保存的一份1938年《西南联大新校舍建筑地址觅定在三分寺附近》的报告写道:"本校现有校舍,均系租用或借用,数量有限,不敷分配,以致设备困难,教学效率深受影响……两月以来,该会(建筑委员会)积极筹划,不遗余力,新校址业经觅定在三分寺附近,圈地约百余亩,测量清丈诸事均已告竣,现正进行征买手续。"三分寺即今日云南师大,因其地域狭小,不敷展布,1939年3月,联大常委梅贻琦、蒋梦麟、张伯苓等联袂致函云大,以借地基而建实验室。其函云:"敬启者:查本校须在昆明建筑校舍,惟征收之三分寺地亩不敷应用,拟借用位于该处附近之贵校空地一段建筑理化实验室二十二间,相应函达,并附上蓝色地图一份,即希查照惠允赐覆为荷。"按图所示,即欲借今云大西院东北一片。

既是兄弟院校需要,云大当即应允。1939年4月17日,熊庆来校长函复联大蒋梦麟、梅贻琦、张伯苓:"准此,查划借地段,目前敝校尚未应用,自应暂时照借,借期以抗战时为限。"两校随即办理了借用手续。抗战胜利后,联大三校复员北迁,同时将所借地基归还。1946年7月31日致云大函中说:"原借贵校地亩一段建筑本校南区宿舍,兹因本校结束,依约应将该区地亩连同房屋移交贵校接收。兹查该区房屋,除坐落东北角之校医室及生物实验室已经商准贵校,由国立师范学院留用外,其余应予移交。"云大不仅借土地给联大,还借教室、礼堂给联大临时使用。1940年4月29日为清华建校29周年纪念日,当时联大没有一个容纳数百人的大礼堂,梅贻琦为此于3月26日写信给熊庆来说:"校中同仁及在昆友人拟于举行纪念会以资庆祝,惟开会地点尚未定妥,因思贵校至公堂颇为宽敞,可容多人,届时可否惠借一用。"熊庆来于3月28日回函说:"拟用敝校至公堂举行纪念,自当遵示办理。"这年4月24日的纪念会便是在云大至公堂召开的。

1938年8月,西南联大遵照教育部命令增设师范学院。增设一个学院就需要有相应的师资及大量生源,联大将文学院哲学心理教育系的部分师生并入该院成立教育系,但仍然难以维系发展。教育部便令云大教育系归并到联大师范学院，充实联大师范学院师资力量，扩充师范生源。云大教育系成立于 1933 年，经过几年的发展已经粗具规模，下设文史地、数理化、教育三组，在校生达上百人；1937 年有教授曾作忠、程璟、徐继祖 3 人，讲师周栗斋、李永清 2 人。为支持联大办学，云大忍痛割爱，同意将这样一个有发展前景的系调出，还将相关的图书资料借给联大师生使用。

西南联大对云大的发展建设也做了不少贡献。1938 年前，将省立改国立是云大乃至省政府多年积极争取的目标，也是熊庆来任校长之后要完成的一项重要工作任务。1937 年 7 月 15 日，熊庆来从北平抵达昆明赴任履新的第一天，在回答《云南日报》记者专访时说："省大改进事宜，谓年来志公主席及龚厅长，致力于省大之改进，各方极为重视。今又提议改为国立，已经中政会通过，实现有期。个人意见，宜就现状加以整理，树立根基，以期促起各方面注意，俾改为国立，能早日实现，以国家力量，促其发展，不惟本省地方建设之幸，亦足以巩固国防之精神基础。"经过各方努力，终于有了结果，1938 年 6 月 18 日，教育部训令云大："案查该校自二十七年度（1938 年）起改为国立一案，前经行政院核定并令知在案。现在二十六年度瞬将终了，该校改组事宜，亟应从事筹备。"教育部聘请联大蒋梦麟、张伯苓、梅贻琦与熊庆来等 11 人组成筹备委员会。

1938 年 6 月 20 日，国立云南大学筹备委员正式成立，并召开第一次会议，梅贻琦、蒋梦麟亲自到会，并由蒋梦麟主持。会议决定组织筹备处，地点设在省立云大，筹备人员由云大指派。委员会还就经费概算等事项作出决议。两校领导精诚携手，为云大共铸未来，使云大终于在 1938 年 7 月 1 日改为国立，跃上了一个新台阶。1938 年 11 月 18 日，国民政府行政院议决熊庆来任国立云大校长。按惯例国立大学校长就职，应举行宣誓礼，以昭郑重。遵照教育部令，1939 年 1 月 25 日，云大在至公堂举行熊庆来就任校长的宣誓礼，蒋梦麟及联大不少教师到场祝贺并在会泽院前合影留念。2009 年，一位当年参加过宣誓礼的联大教授之子从美国寄来他父亲保存了几十年的合影照片，让笔者辨认摄照的地点及时间，可见联大教师是多么珍惜这次合影。

西南联大的清华航空研究所及电讯专修科是两个极具先进性、适用性的工学系所。清华航空研究所的空气动力研究与实验在当时的中国首屈一指，而它的航空风洞实验，更与国防建设密切相关。1939 年春季迁至昆明后，在北郊白龙潭建造了一个五尺口径的航空风洞。1946 年清华航空研究所复员后，风洞及全部附带设备交付云大航空系保管并使用。云大航空系用联大留下的这套设备，除供学生实习外，还用作空气动力学的研究。联大电讯专修科成立于 1939 年春，专修科以清华大学无线电研究所为合作机关，以造就具有精确电讯知识及实地通讯技能的技术人才为宗旨，学理与实验并重，很受用人单位和学生青睐。联大复员后，专修科拨由云大接办。1950 年 7 月，电讯专修科停办，其教师并入云大物理系，成为无线电物理教研室，1982 年发展为无线电系。

二、相互配合，互相支持，共谋教学双赢

要办好一所大学，主要靠什么？时任校长熊庆来有一个极清醒的看法——"靠教授，靠好教授！"他曾明确地这样说过："学校成绩之良窳，过半由教师负责。"而当时云南大学最为缺乏的就是大师级的教师，聘任优秀教师到校任教成为熊庆来治校工作的重中之重。为此，他采取以下几种方式延揽联大学者到云大任教：

（一）设讲席，请联大的名师到云大任教

1938 年，云南大学获悉中英庚款董事会要用庚款聘送平津各大学的名教授到抗战后方大学设置讲席。

在熊庆来的竭力争取下，中英庚款董事会在云大设置五个讲席，云大用此名额聘请联大萧遽、赵忠尧两位教授，这两位教授是当时国内著名学者。为了促使萧遽尽快到校，1938 年 1 月 15 日，熊庆来在致中英庚款董事

会总干事杭立武电文中写道"请聘萧并促速来"。

（二）用借聘方式延揽联大教授

除了用办讲席的方式延揽了少数几名联大知名教授到云大任教外，延揽更多联大教授则是用借聘的方式。西南联大成立初期，禁止教师外出兼课，这样便限制了一些想到云大来兼课的教师。求贤若渴的熊庆来为了让联大教师自由到云大来兼课，多次与联大校务委员会沟通，最后达成互借协议，促成联大同意本校教师借聘到云大兼职。联大于1939年3月14日专门召开常务委员会，讨论通过《教授校外兼课规则》，其中规定："本校教授在其他大学兼课，应先取得本校及有关院系的同意；本校教授在外兼课所得报酬，应由所兼职学校发交本校，另有本校致送车马费，其数目以四十元为限；本校教授在外兼课时，其所授课程，以在本校现授者为限；本校教授资格以下教师，不得在外兼课。"① 有了这个规定以后，熊庆来就能名正言顺地聘用联大教师到云大兼课，这样便吸引了不少联大教师到云大来兼课。

1939年4月，云南大学拟借聘姜立夫到校讲授微分几何学，联大回函道："贵校云字第三八零七号公函为拟聘本校姜立夫教授担任微分几何学讲师，且令学生到本校随班听讲，希允复。等由；准此。查贵校拟聘本校姜立夫教授为讲师，担任微分几何学三小时，自可同意，仍请查照前函附送之本校教授兼课规则办理。至令学生来校随班听讲一节，应请开示学生人数，俾便酌定。"云大回函云："贵校云字第一一七九号公函，关于拟聘姜立夫先生担任敝校微分几何学讲师，承允同意，深为感谢，其随班听讲学生，除原送学生中何凤舞、陈湘芸、白世俊等三名，现已退出外，实到听讲学生，计有杨发权、陈元龄、姚家璧、陈宝佩等四名，至姜先生之待遇，仍照贵校前送兼课规则办理。"1940年9月10日，云大拟借联大教授冯景兰，致梅贻琦图函中写道："敝本校矿冶系成立未久，但荷各方赞助，规模

---

① 王学珍：《国立云南大学史料·教职员卷》，云南教育出版社，1998，第422页。

粗具。刻因系务主持无人，工作甚难积极推进。冯淮西兄学识经验，同人向所推重。弟拟请其到云大维持一年，俾矿冶系一切上得轨道。左右于云大素极关切，敢请惠允借聘。"梅贻琦复函道："敬悉贵校矿冶系成立后主持乏人，拟约清华冯淮西先生前往维持一年，本应照允借聘，惟本校因冯先生休假方始，期满照章须回本校继续服务；同时此间下年度地学系课程亦需冯先生回校方敷分配，有此困难，致尊处借聘一层未能遵办。"但是云大不肯放弃，再次与联大协商，冯景兰最终于 1942 年被聘到云大给工学院土木工程系学生讲授工程地质，给农学院学生讲授地质学，1943 年还被聘为云大工学院院长。

据统计，云大在 1944 年度聘用的 37 名兼课教师中联大就占了 20 名，他们是白英、王赣愚①、芮沐、潘光旦、李树青、姚嘉椿、秦瓒、王迤、华罗庚、钟开莱、朱德祥、陈美觉、沈同、陈阅增、吴征镒、冯景兰、钱临照、洪谦、王国屏和司徒惠卿。1940 年熊庆来聘任西南联大教务长、社会学系主任、著名社会学家潘光旦到云大社会学系任兼职教师。聘请潘光旦任教的人事变动表如下：

职别：社会学系兼职教授

姓名：潘光旦

异动情形：新聘

月薪：240 元

研究费：600 元

起薪至止薪时间：三十三年九月一日至三十四年六月三十日止

附记：每周授课三小时

教务处

三十三年八月三十一日

---

① 王赣愚于 1943 年被联大聘为专任教授，同时被云大聘为兼任教授，直到 1946 年。

潘光旦为云大社会学系先后开设了"社会思想史""西洋通史"等课程。陈省身受聘到云大兼课，为云大数学系学生讲授"高等几何""非欧几何"等课程。云大档案还保存着陈省身 1938 年 12 月和 1942 年 9 月的两份聘书。2003 年 3 月笔者采访陈省身先生时提及此事，他回忆道："当时云大教授缺乏，我与熊先生特别熟，就以兼课的形式去了云大任课。"

到云大兼课的教师完全按照在联大上课的方式方法及课时标准给云大学生讲课，不因兼课而在教学上打折扣。1946 年初，联大确定 5 月复员北上，按此，要完成一个学期的课程还差一两个月的时间，但兼课教师对在云大兼的课从不敷衍了事，而是多加课时完成教学任务。1946 年 2 月 26 日，云大文史系主任徐嘉瑞在致熊庆来信中说道："文史系上学期聘请联大教授兼任功课，待遇甚微。现在联大教授复员在即，各教授在文史系兼课者不肯草率了事，并拟每周增加上课时间，完成原定课程计划，实可感佩，学校方面不能不表示微意，拟请下学期致送夫马费一万元。"当时在云大文史系兼课的联大教授有罗应中、游泽丞、刘寿民、姚从吾、闻家驷、张印堂、余冠英、吴乾就等。熊庆来接函后批复："至二月份起如拟致送。"

（三）以提高生活待遇为条件，争取联大教师、研究生、本科毕业生到云大任教

抗战胜利后，联大除留下教育学院，其他学院解散，内迁到云南的清华大学、北京大学、南开大学、中法大学、华中大学等纷纷又迁回原址，大批在云南各学校的外省籍教职员亦随之返回故乡，造成云南各类学校出现师资奇缺的局面。在这种严峻形势下，熊庆来为了使云大师资力量不被削弱，竭力挽留联大教师到云大任教，对于愿意到云大任教的教师，不仅提高其生活待遇，还给予各种优厚的条件。西南联大外语系教员王森堂就是在这个时候来云大的，他回忆道："1946 年，联大复员，三校各回原址；我是联大聘的，不属于任何一个学校聘的，因此就留在昆明师范学院。云大的名誉好，待遇高，我就到了云大，与我同来的还有王庆福。"获得美国

芝加哥大学博士学位的倪中方，抗战期间在联大任心理学教授的同时，又在云大社会学系等处兼任课程。抗战结束后，他没有随联大的解散而离昆，而是选择留在了昆明，一直在云大兼课。

（四）大胆聘用被联大辞聘的国学大师刘文典

国学大师刘文典，民国初年学术界的知名人士，他既是一位才高学广的"博雅之士"，又是一个恃才自傲的"狷介"之人。1937 年在北平沦陷后，刘文典未能及时南下，日本侵略者曾多次通过别人请他出任伪职，均被他断然拒绝。刘文典因此激怒了日军，其住宅两次遭日军搜查，可他毫无惧色，绝口不讲日语，以在日寇面前"发夷声为耻"。他告诫自己："国家民族是大节，马虎不得，读书人要爱惜自己的羽毛。"1938 年他取道天津，经香港、海防，辗转来到昆明，到西南联大任教。1943 年春，刘文典因休假去外地而未能按时返校，被联大解聘。时任云大教师的李埏先生回忆说："当张友铭（云大教务处注册组主任）跟熊先生说了这个情况后，就把刘先生聘了过来。"熊庆来聘用刘文典为云大教授，引起了一些人的不满，闻一多就不止一次地说："谓幸得将恶劣之某教授排挤出校，而专收烂货、藏垢纳污之云大则反视为奇珍而聘请之。"① 熊庆来清楚在人才匮乏的年代，要把一所大学做大做强，就要有海纳百川的胸怀，不拘一格地选用人才。在他看来，刘文典身上存在的缺陷与他的学问和民族气节相比，只能算是白璧微瑕。他顶住来自各方的压力，不仅聘任刘文典为文史研究室主任导师，还在生活上给了很好的照顾。笔者在采访刘文典之子刘平章时，他说道："熊庆来很关心我们一家人的生活。1946 年联大三校复原北上时，他为了云大保住好的师资，常来我们家希望我父亲留下来，专门给我们家在晚翠园盖了三间房子，还托省主席卢汉安排我叔叔的工作。"刘文典到云大以后，很快发挥了他作为大师的作用，新开了许多课程，仅在 1947 年至

① 参见《吴宓日记》第 9 册，第 291 页。

1948年间，就开了"王维诗""李义山诗""慈恩法师传""汉魏六朝""文选""庄子"等众多课程。来听课的学生络绎不绝，其中不乏理工科和校外的学生，甚至有的教师也常来听他的课。他讲课的时候，教室常常爆满。

联大教师到云大任教，充实了云大的师资队伍，提升了云大的教学质量。云大文史系1943级学生马忠民回忆当年听联大教师讲课时说道："我听联大教授罗庸讲杜诗，他从历史背景、写作技巧等方面谈得很好，给我以深刻的影响，对我以后读诗写诗打下了很好的基础。"

在联大的许多教师到云大来兼课的同时，云大也有优秀的教师到联大去讲课。云大教师有的以交换方式去联大任课，有的是单方借到联大任教。1938平11月7日，联大致函云大："本校拟于本学年聘贵校教授闻在宥先生来校担任中国文学系语言文字组'印支语研究'一学程，每周二时，一学年。本校则请教授罗庸先生往贵校担任'中国文学史专题研究'一学程，时间与期限，亦为每周二时，一学年，以资交换，并由两校各发一份名誉讲师聘约。"王赣愚则是联大单方面借聘到联大任教的，1941年3月24日联大致函云大："本校拟聘贵校教授王赣愚先生兼任师范学院公民训育学讲师，每周授课三小时，自本年三月份起。相应函商，务祈。"3月28日云大复函："准此，自应同意。"

学界名宿胡小石曾任教于西北大学、四川女子师范学院、北京女子高等师范学校，1939年至1942年在云大任教并被聘为文法学院院长。胡小石是著名的国学大师、文学家、书法家，尤以古文字学、书法、楚辞、杜诗、文学史最为精到。他在云大开设的杜诗、楚辞课程颇受欢迎，联大闻讯后聘胡小石去兼课。当时还是联大学生的李埏回忆说："我在联大听过胡先生讲楚辞、书法。"1947年毕业于云大社会学系的陈年榜回忆说："联大云大教师上课互相交叉，联大的潘光旦、陈达上过我们的课，云大的费孝通、陶云逵去联大上课。"由于两校学生都少，有时一个班听课的学生还不到10人，两校同年级的学生合并在一起上课的情况也是常有的事。1941年10

月，冯友兰在联大开讲哲学史，云大闻讯后就致函联大，请求接受 6 个学生跟班听课。10 月 21 日，联大常委梅贻琦、蒋梦麟、张伯苓回函道："准此，查此案已征得冯芝生同意，至可照办。"李埏回忆道："云大到联大听课的学生多，但也有联大的学生到云大听课。我听顾颉刚讲楚辞，就是跑到云大去听的。"1937 年考入云大生物系的杨貌仙回忆道："我们系主任崔之兰是联大生物系主任张景钺教授的夫人。有这层关系，两校生物系教授之间的往来就更加频繁，联大生物系教授、副教授多在云大生物系兼课，我记得有陈桢、汤佩松、沈嘉瑞，他们都来我们系开过课。两校生物系学生都少，每个班几个人，甚至一个人，所以常常两校的学生并在一起上课，上课的地点大多是在我们学校，学生同堂听课不分彼此，好像一个学校一样。"

三、联合开展学术研究，协力促进云南社会经济发展

抗战期间，虽然生活条件艰苦，时有日机空袭的威胁，但两校教师除了坚持教学外，还大力开展学术研究，为抗战建国出谋划策。那时在滇各研究机构、学校、社会团体举办各类讲座相当频繁，在云大召开的学术讲座就有不少。1939 年 8 月 26 日至 30 日，中国化学学会第七届年会在云大举行，会议宣读各个学者论文 21 篇。学会主席汪浏演讲的"抗战建国——从原子说起"，对原子与抗战建国之间的关系有颇多的独到见解，引起了大家热烈讨论。云大和联大的化学教师以会员身份参会，学生旁听会议。1939 年 9 月 23 日至 26 日，中国物理学会在云大举行第七届年会，参加会议的主要有中央研究院、北平研究院、联大和云大四个学术团体。这次年会是物理专家第一次在大后方齐聚一堂。大会收到论文 26 篇。1940 年 9 月 15 日，中国植物学会、中国物理学会等六个学术团体在云大举行联合年会大会；16 日分学会宣读论文，公开演讲；17 日进行专题讨论。当时在云大生物系读三年级的杨貌仙回忆道："参加植物学年会的人大多是云大、

联大生物系的教师，我们云大生物系的学生都去旁听学习。参加会议的老师在学术问题上严谨务实的治学态度给我留下了很深的印象。"1941 年 5 月 26 日，云大政治经济系为增进学生对现代学术思潮及问题的认识，举办学术演讲，演讲分为三个系统，即现代思潮、中国问题、各国情势，每个系统均为十讲。现代思潮聘请雷海宗、冯友兰、萧蘧、潘光旦、吴宓、陈序经、陈铨、贺麟、王赣愚、林同济分担。其他两个系统的演讲人员有钱端升、陈岱荪、陈达、陈雪屏、何永佶、王信忠、伍启元等。每个系统演讲完之后，即将各讲的演讲词由政经系汇编成册。

1942 年 4 月 20 日是云大 19 周年校庆纪念日。为加强学术研究精神，云大举办了纪念演讲及撰写纪念论文活动，邀请本校、联大及国内有名的学者参加。不少学者提交了论文。社会科学方面有：雷海宗《历史的形态》、潘光旦《当代的社会细想》、陈序经《西洋文化与中国文化》、王赣愚《自由主义之危机》、萧蘧《近代经济思想的动向》、林同济《贵士传统与中国文化》、贺麟《儒家思想的新开展》、冯友兰《义利辨》、吴宓《美国的人文主义》、陈铨《民族运动与文学运动》。自然科学与应用科学方面有：陈省身《微分几何学研究的现状及其问题》、吴大猷《日冕——天体中的一问题》、华罗庚《模式论》、王树勋《生活机能的物理化学分析》、吴学周《从物理构造问题说到科学思想的演进》、沈同《最近营养学之进步及其对于国人素食营养之解释》、殷章宏《光学作用》、庄圻泰《无穷极数论之新进步》、赵雁来《近百年有机化学之贡献》、严济慈《压力对于照相片感光性之影响》、蒋导江《钢铁冶金之新发展》等。

1942 年 7 月 22 日，《云南日报》在联大举行边疆问题座谈会，主讲人是云大和联大的学者，如方国瑜、田汝康、林耀华、李有义、陈达、吴泽霖、陈碧笙、曾昭抡、潘光旦、费孝通、张印堂等。1943 年 2 月 1 日至 2 日，中国社会学会昆明分会在云大举行第一次年会，讨论战后社会建设问题，宣读论文。云大和联大的学者宣读的论文有：李景汗《战后农村建设问题的讨论》、吴泽霖《边疆的社会建设》、李有义《士气与社会》、李树青《中国家族制度的结构及其重建》等。出席年会的有陈达、吴泽霖、李景汉、陈序经、伍纯武教授等 20 多人。

1944 年 10 月 14 日，中国科学社、中国天文学会、中国动物学会昆明分会、新中国数学会、中国物理学会昆明分会、中国化学学会昆明分会、中国植物学会昆明分会、中国地质学会昆明分会在云大至公堂举行联合年会开幕典礼。年会提请龙云主席为名誉会长，推定梅贻琦、熊庆来、李书华、吴有训、周仁为大会主席团。梅贻琦主席致开幕词，教育厅长龚自知代表龙主席致辞。熊庆来报告筹备经过，周仁报告中国科学社成立 30 年来的工作，吴有训报告其他 7 个团体的简史及工作，霍秉权报告战时美国科学界动态。下午宣读论文，李书华讲科学研究与工业应用。10 月 15 日，与会人员分学科宣读论文，下午举行闭幕式，到会的有 264 人。笔者采访当年在分学科讨论会上作《植物名实图考》报告的吴征镒先生时，他回忆说："许多生物界的名人都参加了这次会议，我还保留着当年的照片。"

1945 年云大学生自治会在至公堂邀请云大、联大的楚图南、曾昭抡等五位教授主讲时事问题，首先由云大教授楚图南主讲"克里米亚会议与中国解放运动"，云大教授周新民讲"旧金山与中国战局"，联大教授曾昭抡对楚图南、周新民演讲题目作了深入探讨，云大教授费孝通以轻松的语调检讨过去主张"世界大同"之歪理谬论，最后联大教授吴晗作了总结发言。

抗战期间，办学经费十分有限，但教育者不忘自己的责任，用各种方式争取社会资助创办学术刊物，为校内外学者搭建学术研究平台，如联大主办的《当代评论》和《今日评论》，云大主办的《中法文化》《战国策》《云大学报》，以及由两校教师参加创办的《自由论坛》等，其主要撰稿人大多是云大和联大的教师。《当代评论》《今日评论》《自由论坛》均系涵盖政治、经济、社会、教育、文艺各类论题的综合性刊物。《中法文化》主要是留法归国学者撰写的介绍法国及中国文化发展状况的文章。《战国策》则侧重于时事政治及文化重构方面的探究。《今日评论》创刊于 1939 年 1 月，1941 年停刊，每星期出版 1 期，共发行 5 卷 117 期。该刊主要由联大教师组成的今日评论社负责编辑，朝报印刷厂负责印制。《今日评论》第 1 卷共 25 期，收录文章共 140 篇，大多数作者均为联大教师，也刊登有云大教师的文稿。《当代评论》创刊于 1941 年 7 月，停刊于 1944 年，共出版 4 卷 70 期，每周一出版。该刊主要由西南联大的教师组成的当代评论社负责编辑，中央日报印刷厂负责印制。1941 年 7 月至 1941 年 12 月发行了第 1 卷共 25 期，收录文章 125 篇。《战国策》为半月刊，从 1940 年 4 月到 1941 年 7 月共发行 17 期。1941 年 12 月至 1942 年 7 月在重庆《大公报》上又开辟"战国副刊"，共刊出 31 期。为刊登有创造性的自然科学和社会科学研究论文，云大于 1939 年创办了《云大学报》。该刊物 1942 年停刊，共发行 3 期，刊登论文 24 篇。

两校教师不仅共同开学术会议，撰写论文，还共同开展过学术调查。采集植物标本是学习植物分类学的重要环节，各大学都非常重视这个环节的教学与研究。1942 年，联大派生物系助教吴征镒，云大派生物系助教刘德仪一起到大理、丽江采集标本。吴征镒回忆说："这次采集标本是云大比较系统采集标本的开始。"

1946 年初，西南联大解散，各校准备北迁，云大希望与清华、北大、南开三校在学术研究方面继续合作。为此，熊庆来于 1946 年 2 月 21 日分别致函三校，函中写道："（全面）抗战八年胜利降临，贵校对学术文化之贡献将占中国学术中之重要篇页，尤其八年以来于艰苦生活之中对西南文化社会之调查研究工作，在中国边疆文化开一研究之新纪元，敝校僻在边隅蒙惠良多。现在贵校复员在即，对于将来边疆文化社会之研究工作势必暂时停顿，兴言及此，良用憬然。为使研究工作不致中断，使边疆教育得以维持，特拟订一合作办法，即将本校旧日之西南文化研究室及西南社会研究室合并扩充为'西南文化社会研究室'，拟设讲座或导师若干人，聘请贵校历史、社会、国文等系教授担任，同时兼任敝校教授，任期至少以一年为限，待遇除照大学待遇外致送来往旅费及研究补助金（暂定为薪津总数十分之三），俾边疆文化教育工作得以继续发展，不致停顿。贵校历史悠长，而教授先生亦为学术界先进，必能首先赞同惠予金诺。"同时附《西南文化社会研究合作纲要》，内容如下：

一、云大西南文化社会研究室，特设讲座或导师若干人，商聘清华大学（北京大学、南开大学）教授担任之，担任之期限，至少一年，又清华大学亦得借聘本校教授担任课程。

二、清华大学（北京大学、南开大学）接到云大之书面商洽时，即应商约教授，函复云大致聘。

三、云大西南文化社会研究室讲座（或导师）除指导工作外，须兼任云大教授。每周任社会学系或文史学系课程若干时，由云大加送聘书。

四、导师之待遇与云大专任教授相同，但依边疆教育工作人员办法，另加成数若干，并致送来往旅费及研究补助金（暂定为薪津总数十分之三）。

五、研究室之助理或研究生，得由云大申送入各校研究所深造。

六、以上各条，经云大校长及清华大学（北京大学、南开大学）校长同意签字后，即发生效力。

七、为接洽方便计，研究室特设名誉指导若干员，聘请清华大学（北京大学、南开大学）系主任担任，即负指导联络商洽之责。

八、云大刻正筹备将西南文化社会研究室改组西南文化社会研究所。俟成立时，此约仍继续有效。

四、共同开展社会公益活动及民主运动

昆明地处抗战大后方，大量知识分子涌入，带来新思想、新风气，使

原来闭塞的昆明发生了剧烈的变化，民主意识增强。特定的时代要求云大、联大师生肩负起抗战救国的历史使命。两校师生不负众望，共同开展社会公益活动和民主运动，有力地推动了云南社会的进步。限于篇幅，仅举以下事例来展示云大和联大在此期间所进行的这两方面的活动。

在战火硝烟的年代，联大、云大不少师生投笔从戎，奔赴抗战前线，有的甚至献出了宝贵的生命。在后方的师生通过开展社会公益活动和民主运动声援抗战。为了慰藉被派往抗战前线作战的云南六十军将士，1938 年 6 月，云大、联大及航校在云大体育场举办了"慰劳六十军抗战将士足篮排球募捐大会"，三校的体育教师马约翰、徐汝康、侯洛荀、杨元坤、李信标、魏徐年、俞修德与抗敌后援会等多次商讨比赛事宜及募捐办法。1938 年底，天气变冷许多，为解决六十军将士及流亡到昆明的外籍民众的过冬问题，云南省政府发起"征募寒衣运动"，云大、联大积极响应号召，开展了"募衣游艺会"，云大剧团赶排了反映北平失陷后抗日救亡运动掀起的《古城烽火》及评剧音乐，联大话剧团在光华街云瑞中学礼堂公演国防剧《祖国》，将门票收入及观众捐出的寒衣交给省征募寒衣运动委员会。两校师生还利用自身所学知识支持云南教育发展，进行抗日救亡活动。1945 年 7 月，两校学生以所学专长，向社会开办文化补习学校、识字班，提高云南教育文化水平。两校学生借用云大会泽院教室举办云联暑期补习学校，帮助中小学生补课。为动员民众从军抗日，1938 年，两校教师组成战时宣传队，到宜良、晋宁、官渡等地向当地民众、学生作动员演讲。

两校开展的民主运动更是风起云涌。1939 年 5 月 4 日，为纪念五四运动，联大与云大等校一起举行纪念活动，晚上共同举行提灯会。1941 年 9 月 24 日，昆明《朝报》发表《从修明政治说到飞机运洋狗》一文，揭露孔祥熙女儿孔令仪强占国民政府派到香港接运各界著名人士的飞机，甚至同机接回她的洋狗、马桶等，致使茅盾、陈寅恪等著名文化人士及一批国民党元老不能及时撤退。消息传出，舆论哗然，群情激愤。1942 年 1 月 6 日，联大、云大、中法大学、英专、同济、昆华中学等校学生组成了一支 3000

多人的游行队伍，声讨孔祥熙，形成了以揭露国民党政府腐朽统治为斗争目标的"倒孔运动"。这次运动打破了"皖南事变"后国民党统治区的沉寂局面，为以后形成民主运动高潮打开了局面。

1942年底，中共中央南方局指派中共党员周新民以民盟盟员身份到昆明，以在云大任教的公开职务为掩护，帮助民盟发展地方组织。1943年初，周新民组织成立以云大、联大教授为主的西南文化研究会，其主要成员有周新民、楚图南、尚钺、辛志超、李文宜、罗隆基、潘光旦、闻一多、费孝通、吴晗、闻家驷、曾昭抡等。研究会举办学术报告，讨论时事，引导不同学派、流派的知识分子摒弃歧见，在抗日、民主、进步的旗帜下团结起来。1944年5月3日至8日，联大、云大等校进步学生和爱国民主教授举行了"五四座谈讨论会"，一致强调要复活科学、民主和救国的五四精神，并在《云南日报》上发表大量文章纪念五四。伍启元在《云南日报》上发表《民主与舆论》，强调五四运动所追求的理想是民主和科学，五四运动所采取的方式是用舆论的力量去督促政府，用舆论的力量去影响社会。1944年7月7日，云大自治会、联大壁报协会、中法大学自治会、英专自治会联合在云大至公堂举行"七七事变"七周年时事座谈会。闻一多、潘光旦、杨西孟、邵循正、潘大逵、蔡维藩、伍启元、沈有鼎、鲁冀参、冯景兰、李树青、曾昭抡、罗隆基等教授参加，参加的学生约有3000人。座谈会谴责了国民党政府的独裁、腐败与无能，呼吁发扬五四、"一二·九"精神，为坚持抗战、争取民主自由而斗争。座谈会讨论非常热烈，历4个多小时，直至深夜12时才结束。

1944年10月19日，云大学生自治会和联大五个文艺壁报社在云大至公堂联合举行鲁迅先生逝世八周年纪念晚会。到会的有联大、云大、中法大学和各中学学生以及文化界、公务员、银行职员共4000多人，至公堂内外挤满了人。纪念晚会首先由云大教授徐梦麟代表昆明文协分会致辞，继而由尚钺、楚图南、姜亮夫、李何林、朱自清、闻一多演讲，对鲁迅生平、作品及战斗精神作了精辟阐述，并一致强调纪念鲁迅必须学习鲁迅。纪念晚会气氛异常热烈，进行了 3 个半小时，最后在高唱《义勇军进行曲》中结束。1944 年 12 月 25 日，云大、联大等校学生自治会及其他团体发起，在云大至公堂召开护国运动三十周年纪念大会。国民党政府取消了护国运动作为全国性纪念日后，引起了云南地方人士的强烈不满，所以纪念大会得到包括地方实力派人物在内的云南各界各阶层人士的支持。护国运动元老由云龙等人士，以及各大专学校、社会各界人士共 6000 人参加了大会。潘光旦主持大会。大会号召发扬云南护国首义的光荣传统，再造共和精神，提出"消灭独裁政治，立即实行宪政""武装民众，保卫大西南"等口号。大会通过了给全国人民的宣言，揭露国民党政府纲纪废弛、贪污成风、教育奴化、军事腐败的事实，指出保证抗战胜利的唯一办法就是实行民主政治，具体方案是结束一党训政，召开人民代表会议，组织联合政府。大会结束后，举行了声势浩大的示威游行，参加游行的人数达 2 万多，显示了云南爱国民主力量的强大和广泛，标志着云南的爱国民主运动进入了新高潮。

在抗战最为关键的阶段，美国总统罗斯福突然去世。联大、云大、中法大学、英语专科四校师生于 1945 年 4 月 23 日在云大至公堂联合召开追悼会。吴晗在会上作题为"罗斯福总统与中国"的演讲，强调"吾人纪念此一伟大人物，应努力实现其四大自由之理想，并加强国内之团结与统一"。1945 年 8 月 15 日，日本宣布无条件投降。至此，历时 14 年的抗日民族解放战争，以中国人民的胜利而宣告结束。消息传来，云大、联大、中法大学师生一片欢腾，当晚三校学生自治会在联大新舍举行了"从胜利到和平"时事晚会，云大、联大著名学者教授尚钺、周新民、吴晗、闻一多纷纷发表演讲，分析局势，强调要民主，反对内战。

1945 年 11 月 25 日晚，联大、云大、中法、英专四校学生自治会在联大图书馆前联合举办时事晚会，到会有大中学生、教师、工人、市民等6000 余人。大会邀请联大、云大教授钱端升、费孝通、伍启元和潘大逵演讲，主题为"如何制止内战"。大会开始后不久，校外突然枪声大作，偶尔还夹杂着炮声，与会人士冒着被枪炮击中的危险继续开会。大会通过了反对内战宣言，及呼吁美国人民反对美军参加中国内战的提案，最后在"我们反对这个"的反内战歌声中结束。这次晚会是"一二·一"爱国民主运动的导火索。第二天，国民党中央社发出了"西郊匪警，黑夜枪声"的污蔑报道，激起了广大师生的愤怒。联大、云大等18所学校宣布罢课，以示抗议。昆明学联组织成立了昆明市大中学校罢课联合会（简称"罢联"），选举联大、云大、中法大学、昆华女中、云大附中组成罢联常务委员会，发表了《昆明市大中学生为反对内战及武装干涉集会告全国同胞书》（即"罢课宣言"），以及抗议美国干涉中国内政的《给美国政府抗议书》《告美国人民书》。随即，各校组织了大批宣传队，到街头、工厂和附近农村开展宣传。国民党反动派对学生的行动十分恐惧，采取所谓"以组织对组织，以宣传对宣传，以行动对行动"的政治手段，镇压学生的爱国民主运动。

12月1日，国民党反动派集合国民党党部的党徒、军官总队、三青团省团部的暴徒，携带棍棒、链条、刺刀、手榴弹，分头攻打学校，毒打师生，并用手榴弹炸死师生4人，重伤25人，轻伤30余人，造成震惊中外的"一二·一"惨案。当日，云大教职员71人签名，发表《为昆明市学生罢课并受枪击遭致伤亡事件敬告各界书》。12月6日，包括联大、云大的昆明大中学校教师298人签名发表《为十二月一日党政军当局屠杀教师学生，昆明市各大中学校教师罢教宣言》，强烈谴责国民党反动当局镇压学生的血腥罪行，要求严惩凶手，伸张正义。事件发生后，全国各大中城市纷纷集会声援昆明爱国民主运动。12月24日，联大常委梅贻琦、云大校长熊庆来举行各报记者招待会，通报"一二·一"惨案真相，严正指出此次惨案实为地方党、政、军当局"处置失当""实为一大错误"。26日，昆明《中央日报》及其他报纸刊登了梅贻琦、熊庆来的讲话全文。蒋介石见事态扩大，难以收拾，速令云南地方实力派代表人物卢汉返回昆明，于12月1日就任云南省政府主席，进行斡旋，并宣布对主谋云南警备司令关麟征"停职议处"，代省政府主席李宗黄调离云南。经过近一个月的斗争，卢汉出面答应学生复课条件后，"罢联"于 12 月 27 日宣布停灵复课。1946 年 3 月 17 日，昆明隆重举行了"一二·一"四烈士盛大出殡和公葬仪式。"一二·一"爱国民主运动揭开了解放战争时期第二条战线的序幕，把国民党统治区的民主运动推到了新的高潮。

爱国民主运动推动了社会的进步和发展，同时也磨砺了学生的革命意志，使不少学生走上革命道路。云大外语系 1943 级学生、原云大学生自治会负责人文庄以他亲身经历讲述了在民主运动中联大教授闻一多保护教育他们的事迹。他回忆道："'一二·一'运动后，云大学生自治会将揭露国民党阴暗面的《人民壁报》贴到了近日楼，在市民中引起极大反响。报栏前经常是人头攒动，每天都有不少市民来阅读壁报，国民党政府很害怕，不让我们贴在近日楼。为此，民盟在民主周刊社召开了一次有联大、云大负责宣传工作的学生参加的会议，商讨怎么对付国民党的阻拦。会议由闻一多主持，我参加了。会上我激动地说：'既然决心贴，就要坚持贴下去。他们不准贴，我们就跟他斗。'闻一多和蔼地跟我解释说：'他们不让我们贴到近日楼，我们可以贴到其他地方，不要跟他们硬碰。'我不服气地说：'他们不让我们贴，是违反民主自由，是非法的，我们不能听他们的。'闻先生又说：'是这样的法呀，在他们眼里，你是非法的，他们是合法的。'散会后，我们几个云大做宣传的不听闻一多的话，拿上写好的大字报，提着糨糊桶去了近日楼。这期内容更厉害，把新华社通过解放区电台播出的国民党战犯名单都抄录出来了。国民党警察见我们把《人民壁报》贴到近日楼城墙上，就过来干涉，我们贴一张他们就撕一张，贴了也白贴。他们人多，我们跟他们吵也没用。我们像泄了气的皮球一样回到学校，把剩下的壁报贴在校大门墙上。当时我并不理解闻先生讲话的真实含义，后来才感受到他是在关心我们进步学生，怕我们遭到毒打迫害。"云大政治系 1944 级学生、原云大地下党负责人杨志勇回忆道："昆明学生运动几乎都是由联大、云大两校学生联合主办的，对当时的青年影响很大。我走向革命道路，是受到联大马识途、李晓、许思谦、胡邦定的影响，他们既是我的老师，又是我的引路人。"

1946 年 5 月 4 日，联大举行结束仪式，除师范学院留在昆明成为昆明师范学院外，其余师生分别复员北返到北京大学、清华大学、南开大学。云大、联大两校朝夕相处 8 年，同呼吸，共患难，结下了深厚的友情。云大为了表达对联大的谢意，在至公堂设酒席为联大教师饯行。

综上所列举的调查材料，笔者认为，两校同在一个城市相处 8 年，一直是相互支持、相互影响、同舟共济、共渡难关的。没有联大的帮助，云大难以迅速发展壮大，难以成为中国 15 所著名大学之一；同样，没有云大的帮助，联大在昆明的生存将面临更多的困难，这才有1940 年 12 月联大抵制教育部命令，决定不再迁往四川。过去谈联大给云大帮助多，而谈及云大帮助联大不多，这是不公正的。事实上，在联大的成功办学的经验中也有云大不可忽视的贡献。1946 年从联大物理系毕业的王光诚教授也有同样的看法，他说："云大给予联大很多帮助，没有云大帮助，联大早就不存在了。"陈省身院士 2003 年 3 月所说的"云大与联大是共患难、共发展的兄弟学校"，准确地表述了两校的密切互动关系。联大历史系 1941 级学生、联大地下党负责人李晓在分析两校关系密切的原因时说："联大与云大关系为什么密切？一个是地缘关系，两校离得近，毗邻而居，守望相助。两校教师互相兼课，学术研究中相互合作。第二个是人缘关系，云大校长熊庆来原来是清华的教授，而联大的清华教授最多，是联大的主要部分，主持我们联大工作的是清华校长梅贻琦。熊庆来与梅贻琦的关系就很密切，两校教师过去就相互认识，知根知底，因此才有两校的进步教授在一起参加西南文化研究会，一起参加民主同盟。地下党决定让我参加民主同盟时，介绍我入民主同盟的是联大教授闻一多和云大教授周新民。第三是形势，我称之为势缘关系。当时国难当头，使得两校共同开展爱国民主运动，形成了两校师生并肩战斗的非常密切的关系。"

在改革开放的今天，研究两校互动关系的意义在于：使世人明白强大的学校也可以从相对薄弱的学校中得到帮助，取长补短，可以获得双赢。大学集中在一个区域办学，有利于教育资源共享，如果联大与云大两校相距远，则难以达到如此密切的互动关系。今天不少大城市建设大学城便是这样的办学理念的延续，有利于降低办学成本，便于优质教师在教学、科研中发挥其最大化作用。校际之间允许学生相互选择教师听课，是开放式教学的具体表现，反映了梅贻琦教育思想的包容性，有利于学生间相互学习，教师间相互促进。认真总结两校的成功经验，对当今院校合作办学具有借鉴和激励作用。

原载刘兴育等编著《岁月留痕——云大记忆》，云南教育出版社 2013 年版

后　记

　　为纪念云南民盟组织成立 80 周年和云南大学建校 100 周年，民盟云南省委研究室将"民盟先贤与云南大学"立项作为 2022 年度的理论研究课题，并成立了以民盟云南省委原副主委、云南大学原副校长肖宪为组长的课题组。课题组成员包括刘兴育、刘学军、杨泽榆、管建华、张耀勇、鲁晓黎。

　　课题组从 2022 年 3 月开始工作。课题组成员曾多次集中讨论，确定主题，明晰思路，分工合作，先后完成了课题设计、资料收集、调查访谈、研究写作等阶段性工作，到 2022 年 9 月完成了整个课题的研究和写作任务，历时 6 个月。在课题完成之际，我们要向对课题调研工作给予支持和帮助的云南大学党委组织部、人事处、档案馆表示由衷的感谢！向对我们进行资料收集和使用、调查访谈给予了支持和帮助的张巨成、应细飞、李贞贞、刘志等老师表示真诚的谢意。最后，我们还要对把本课题成果纳入云南大学百年校庆相关图书出版计划的云南大学党政办（校庆办）、社科处、统战部和出版社表示最衷心的感谢！

《民盟先贤与云南大学》课题组